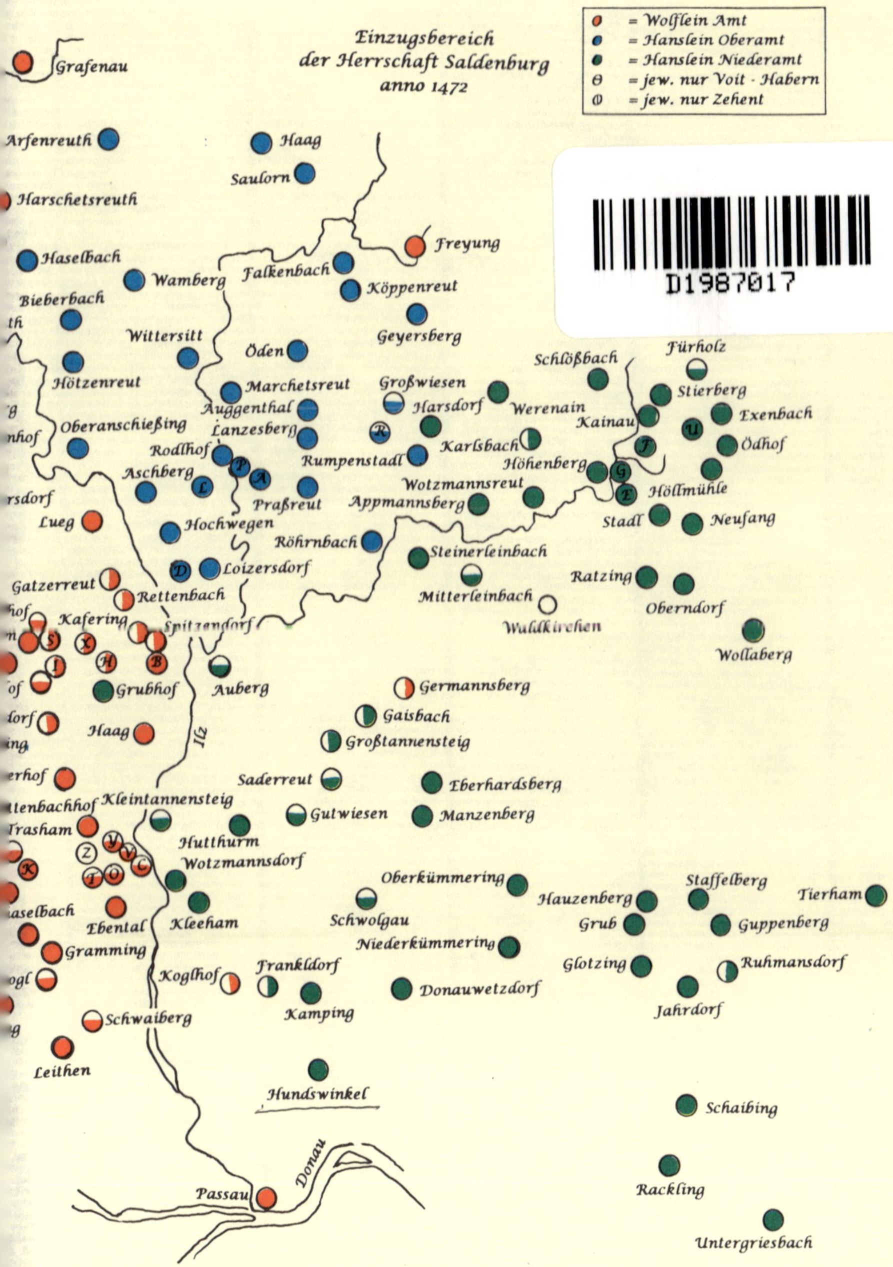
Einzugsbereich
der Herrschaft Saldenburg
anno 1472
= Wolflein Amt
= Hanslein Oberamt
= Hanslein Niederamt
= jew. nur Voit - Habern
= jew. nur Zehent
Grafenau
Arfenreuth
Haag
Saulorn
Harschetsreuth
Freyung
Haselbach
Wamberg
Falkenbach
Köppenreut
Bieberbach
Geyersberg
Wittersitt
Öden
Schlößbach
Fürholz
Hötzenreut
Marchetsreut
Großwiesen
Stierberg
Auggenthal
Harsdorf
Werenain
Exenbach
Oberanschießing
Lanzesberg
Kainau
Karlsbach
Ödhof
Rodlhof
Rumpenstadl
Höhenberg
Aschberg
Wotzmannsreut
Höllmühle
Praßreut
Appmannsberg
Lueg
Hochwegen
Stadl
Neufang
Röhrnbach
Steinerleinbach
Loizersdorf
Gatzerreut
Ratzing
Rettenbach
Mitterleinbach
Oberndorf
Kafering
Spitzendorf
Waldkirchen
Wollaberg
Grubhof
Auberg
Germannsberg
Gaisbach
Haag
Großtannensteig
Ilz
Saderreut
Eberhardsberg
Kleintannensteig
Gutwiesen
Manzenberg
Trasham
Hutthurm
Wotzmannsdorf
Oberkümmering
Staffelberg
Tierham
Hauzenberg
Kleeham
Schwolgau
Grub
Guppenberg
Ebental
Niederkümmering
Gramming
Frankldorf
Glotzing
Ruhmansdorf
Koglhof
Donauwetzdorf
Kamping
Jahrdorf
Schwaiberg
Leithen
Hundswinkel
Schaibing
Donau
Rackling
Passau
Untergriesbach

Norbert Schrüfer

Die Herrschaft Saldenburg im späten Mittelalter

Das Saldenburger Stiftsbuch aus dem Jahre 1472

NORBERT SCHRÜFER

Die Herrschaft Saldenburg im späten Mittelalter

Das Saldenburger Stiftsbuch aus dem Jahre 1472

MORSAK-VERLAG, GRAFENAU

Satzherstellung aus PC-Übernahme des Autors

Umschlagfotos: Norbert Schrüfer

Gesamtherstellung:
Morsak Offsetdruck und Buchbinderei
94481 Grafenau

Printed in Germany

ISBN 3-87553-457-3

Inhalt

Einleitung

Neben der sog. „Gründungsurkunde“ der Saldenburg aus dem Jahre 1368 (HM . Ger. Vilshoven, Urk. Fasz. 27; Rb IX 202) ist das „Saldenburger Stiftsbuch“ aus dem Jahre 1472 wohl das älteste und für die damalige Zeit aussagekräftigste Schriftstück über die „Herrschaft Saldenburg“ im auslaufenden Mittelalter. Für weitere 180 Orte zwischen Deggendorf und Passau bietet dieses Stiftsbuch ebenfalls Einblick in ihre Vergangenheit sowie neue Ansätze für die jeweilige örtliche Heimatforschung

Das Original ist im Staatsarchiv Landshut (Herrschaft Saldenburg - Fasz. 1 Nr. 1a) verwahrt.

Die relativ sehr gut erhaltene Handschrift umfaßt 22 Bogen Papier im Format von 20 cm Breite und 27 cm Höhe. Die einzelnen Bögen sind senkrecht gefaltet und lose geheftet. Die Bögen sind dann beidseitig beschrieben und ergeben somit ein Geheft von 44 Doppelseiten im Format von 10 cm Breite und 27 cm Höhe.

Die Handschrift ist in „Gotischer Kursivschrift“ verfaßt und kann zweifelsfrei der „Spätgotischen Konzeptkursive“ zugeordnet werden. Die in der zweiten Hälfte des 15.Jh. zu beobachtende „Schriftverschlechterung“ ist deutlich erkennbar.

Der Verfasser bedient sich – besonders bei der teilweise offensichtlich flüchtigen Schreibweise – des öfteren der damals üblichen Abkürzungen, sowie auch seiner betont persönlichen Verschmelzungen innerhalb einzelner Worte oder Endungen

Das Umschlagblatt, welches nur einseitig beschrieben und nach innen gefaltet ist – also die linke Hälfte der Seite 2 sowie die rechte Hälfte der Seite 43 – muß später dazugeheftet worden sein. Dieser Bogen ist ursprünglich ungefaltet und ganzseitig bearbeitet worden. Zweifelsfrei stammt er jedoch – der Handschrift nach – vom gleichen Verfasser, nämlich dem „Cuizl Schylher gesessen (zu) leutzmanstoff“ (Loizersdorf bei Fürsteneck).

Dieser später dazugeheftete Bogen ist 4 Jahre älter, nämlich aus dem Jahre 1468, und enthält eine Art Testament des Cuizl Schylher.

Das restliche Geheft enthält eine detaillierte Auflistung sämtlicher Einnahmen und Ausgaben für das Jahr 1472.

Da sowohl das „Testament“ des Cuizl, als auch sein „Stiftsbuch“ für die Heimatgeschichte von Saldenburg, sowie für den gesamten Großraum zwischen Deggendorf und Passau viele aufschlußreiche Details enthält und bis heute noch nicht ausgewertet ist, sei hier der bescheidene Versuch gewagt, dies nachzuholen.

I

Originaltext des Saldenburger Stiftsbuches aus dem Jahre 1472

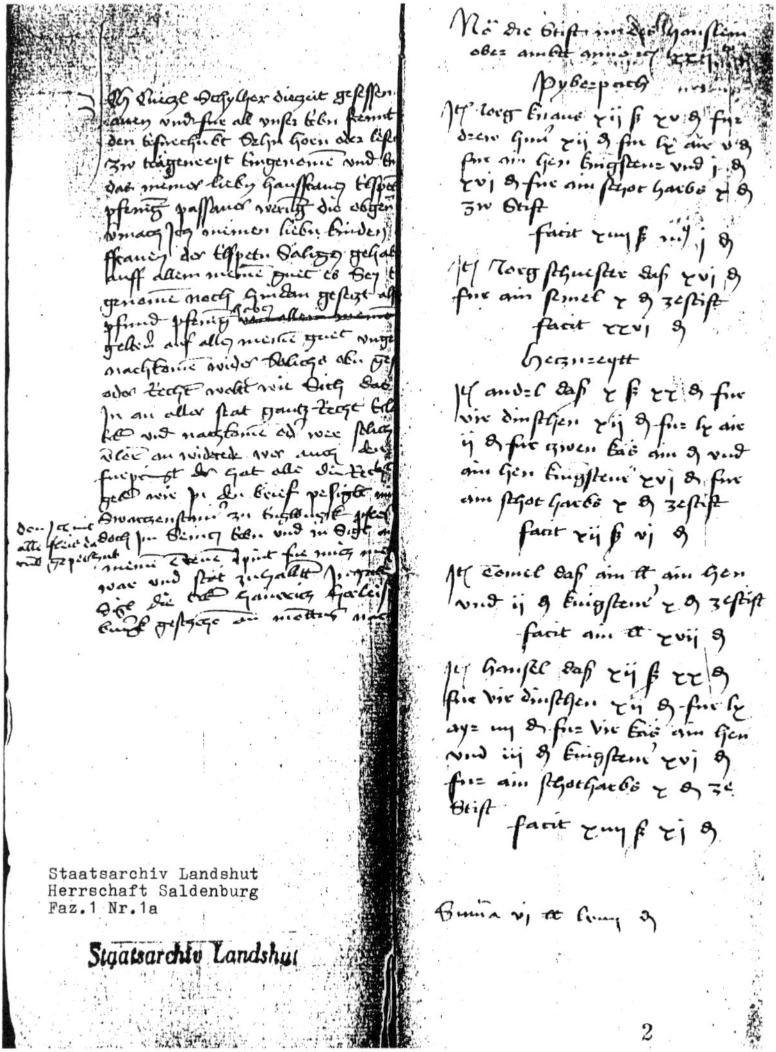

Kopie aus der Originalhandschrift des Jahres 1472.
Deutlich ist hier zu erkennen, daß das „Testament des Cuizl" erst später dem Saldenburger Stiftsbuch angeheftet wurde. Die linke Hälfte des ja ganzseitig beschriebenen Blattes belegt somit hier nur die linke Hälfte der gehefteten Doppelseite 2. Die rechte Hälfte erscheint dann erst wieder als rechte Spalte der Doppelseite 43.

Testament des Cuizl Schylher aus dem Jahre 1468

Ich Cuizl Schylher diezeit gesessen leuzmanstorf bekenn für mich mein Hausfrauen und für all unser Erben freunt und nachkommen öffentlich mit dem Brieff allen den besuechnebt Sehn Horn oder oder lesen daß ich von meinem lieben Swager Hans zw Tragenreyt Eingenomen und emfangen habe Haymgenutz guetz und als das meiner lieben Hausfrauen Elspeten vatlichs Erb gebesen ist Sechzehn pfund pfenig passauer werung die obgenenten Sechzehn pfund pfenig verschreib und vermach ich meinen lieben kindern die ich pey den ersten meiner lieben Hausfrauen der Elspeten Salnpurger gehabt hab mit namen Hanslein und andkin auff allen guet es Sey Erb aigen (oder andern guit) nichts daran pe..dgt ausgenommen noch hindan gesetzt ahb und inderbesthänden war / Daß Sy zufor Dy obgenannten Sechzehn pfund haben (von allen meinen guet) und bekomen mussen vor allen andern meinen Erbn unf gesind auf allen meinem guit ungenlich (....) was ich meiner Hausfrauen Erb und nachkommen wider solchs obn geschribn mit in aufhueben krig(s)tagn oder Recht waltn wi Sich das pegab das allez geben unf bekomen wie in aler stat gantz Recht Erlangt und pehabt mir meiner Hausfrauen Erbn und nachkomen oder wer solchs von uns wegen Tott gantz vermecht und v.ler an widerrede war auch dem brif mit irem gutn willen inhat ganzt oder furpringt der hat alle die Recht So in daran beschribn Sey zw verkund geben wie in dem brief pesiglt mi des Edlen vesten und gestrengen Ritter Herrn anderl Swarzenstein zu Englburgk jesert zu Saldenburgk aigen furgedenk ein Sigl doch in Seinen erben und in Sigl anschaden damit ich mich obgemelter Cuizl mit meiner Treue verpirk für mich meinen Hausfrauen und für all unser Erbn alles das (dem ich mit allen fleis darumb gepen hab) war und zuhaltt(en) inhalt des Brifs zeugen der gepet umb das in Sigl die Erbn Hainrich Haleinspag und Hansleh(en) paid di(ner) zu Saldnburgk geschehen am montag nach gally anno etc 68 to

Saldenburger Stiftsbuch aus dem Jahre 1472

Nota die Stift in des Hanslin ober ambtt anno etc. 72 t

Pyberpach

Item Jorg Knaus 12 ß 15 & fur drew Hen 12 & für 60 air 5& fur ain Hen kinsteuer und 1& 16 & fur ain schot Harbs 10 & zw Stift

facit 14 ß

Item Jorg schuister daß 16 & fur ain smel 10 & zestift

facit 26 &

Heznreytt

Item andrl daß 10 ß 20 & für vier diensthen 12 & fur 60 air 2 & fur zwen kas ain & und ain Hen kingsteuer 16 & fur ain schot Harbs 10 & zestift

facit 12 ß 6 &

Item Tomel daß ain Pf ain Hen und 2 & Kinigsteur 10 & zestift

Facit ain Pf 17 &

Item Hansel daß 12 ß 20 & fü vir dinsthen 12 & fur 60 air 4 & fur vir kas ain Hen und 3 & Kinigsteur 16 & fur ain schot harbs 10 & zestift

facit 14 ß 11 &

Suma 6 Pf 59 &

(Seite 2 im Originaltext)

Arfenreyt

Item michl fugs daß von dreyen guetern 12 ß und vo jedn guet 10 & zestift macht 30 & und fur klain dienst von yedm guit 12 &

facit 14 ß 6 &

Item Gambs daß von zwaien guetrn ½ Pf zwo hen od 10 & 2 & kingsteuer vo yedm guett 120 & zestift macht 20 & und von ainer öd genannt herolzreit 60& und 4 & kingsteuer 15 & zestift

facit 7 ß 11 &

Haslpach bey furt

Item leindl daß 7 & 10 & fur zwo dinst hen ain & knigsteuer 6 & fu dreissigk ayr 16 & fur ain schott harbs 10 & zestift

facit ain Pf 13 &

Item froleich daß ½ Pf 5 & fur ain hen 10 & zestift

facit ½ Pf 15 &

Endlnach

Item Jorg Oler daß 2 Pf 20 & fur vir dinst hen 12 & fur 60 air 32 & fur zway schot Harbs 10 & zestift

facit 18 ß 14 &

Suma 6 ½ Pf 29 &

Item matheus daß 2 Pf 20 & vir dinsthen 12 & fur 60 air 32 & fur zwai schot harbs 10 & zestift

facit 18 ß 14 &

Item Sneyder daß geit als der obn

Item liendl froleich daß geit als vil

Item hamer daß geit als vil

Item die mil daß ain Pf 20 & fur vir dinst hen 6 & fur dreissyk air 10 & zestift

facit 9 Pf 6 &

Saulorn

Item Tomel daß 5 ß ain hen od 5 & ain & kingsteur 10 & zestift

facit 5 ß 16 &

Hag bei dem wildnstain

Item michel vischer daß ½ Pf 20 & fur vir dinsthen 5 & Kingsteur 10 & zestift

facit 5 ß 5 &

Item mertl haindl daß ½ Pf 20 & fur vir dinst hen 5 & kingsteur 10 & zestift

facit 5 ß 5 &

Suma 12 Pf 88 &

(Seite 3 im Originaltext)

Item Hansel daß

facit 5 ß 5 &

Item Hobsinger daß

facit 5 ß 5 &

Item ain wis in dem schemerpach 70 & get nicht in die stift

facit 70 &

Obrn anschessing

Item Haimzl wenynger daß ½ Pf 5 & fur ain hen 2 & knigsteur 10 & zestift

facit ½ Pf 17 &

Wanperg

Item petter daß ain Pf 15 & fur drey Hen 20 & fur 20 kas 12 & fur 60 air 32& fur ain kytz 16 & fur ain schotharbs 10 & zestift

facit 11 ß 15 &

Item Sauheytl daß vo seinem guett 11 ß 15 & und von der halben öd Herolzreit 79 &

facit 14 ß 4 &

Asthperg

Item Jorg daß ain Pf 10 & fur 10 kas 20& fur vir dinsthen 12 & fur 60 air 16& fur ain schott harbs 10 & zestift

facit 10 ß 8 &

Suma 6 Pf 5 ß 4 &

Item Grymel daß 10 ß 10 & fur zwo hen 10 & fur 10 kas 6 & fur 30 air 16 & fur ain schot harb 10 & zestift

facit 11 ß 22 &

Oherbegen

Item Hansl vischer daß ain Pf 12 & fur 60 air 16 & fur ain schott harbs 10 & zestift

facit 9 ß 8 &

Item andrl daß ½ Pf 10 & fur zwo Dinst henne 6 & fur dreissk air 16 & fur ain schot Harbs 10 & zestift

facit 5 ß 12 &

Simring

Item petr printt daß ain Pf 12 & fur 60 air 10 & fur zwo hennen 3 & Kingsteur 20 & fur zwo semel 16 & fur ain schot Harbs 10 & zestift 3 & vo der stelzerin

facit 10 ß 14 &

leuzmanstorff

Item Cuezl daß ½ Pf 10 & fur zwo Hennen 6 & fur dreissikh air 6 & fur ain semel 2 & Kingsteur ain groschen fur ain halbs schot Harbs 10 & zestift facit 5 ß 11 & ain Hall

Suma 5 Pf 67 & 1 hall

(Seite 4 im Originaltext)

Ozldorf

Item Tomel Schilher daß 6 ß 6 & fur dreissyk air 8 & fur ain semel 10 & fur zwo hen ain & fur ain kas 5 & fur ain hen ain & kingsteur 8 & fur ain halbs schot Harbs 10 & zestift

facit 7 ß 19 &

Item liedl daß ain Pf 4 & kingsteur 10& fur zwo hen 10 & zestift

facit ain Pf 24 &

Hazleinsreytt

Item andrl Knaus des purkleins aydem ain Pf 15 & fur drei dinst hen 16 & fur ain schottharbs 12 & fur 60 air 2 & fur zwen kas 16 & fur ain semel 10 & zestift

facit 10 ß 11 &

Item knaus daselb alsvil

facit 10 ß 11 &

Item Stadlar daß alsvil

facit 10 ß 11 &

Item kaufman daß alsvil

facit 10 ß 11 &

Summa 7 Pf 57 &

Item Osbolt daß 7 ß 15 & fur drey dinst hen 16 & fur ain semel 12 & fur 60 ayr 2 & fur 2 kas 16 & fur ain schot harbs 10 & zestift

facit 9 ß 11 &

Item Grimel daß ½ Pf ain groschen fur anderthalbs Huen 8 & fur ain semel 6 & fur dreissik ayr ain & fur ain kas 8 & fur ain halbs schot harbs 10 & zestift

facit 5 ß 10 & ain hal

Item andrl Knaus daß gibt sovil

facit 5 ß 10 & ain hall

Die mil olzensperg

Item milner daß ain Pf 3 & kingsteur 32& von der haustat und 32 & von der stadl stat 10 & zestift

facit 10 ß 17 &

Die öde

Item Häubl daß 12 ß 2 & kingsteur 10& zestift

facit 12 ß 12 &

Suma 5 Pf 3 ß ain &

(Seite 5 im Originaltext)

Markhartzreytt

Item Sesmertl daß 6 ß 10 & fur zwo hen 5 haller kingsteur 10 & zestift

facit 6 ß 22 & ain Hall

Item Seibolt daß sovil

facit 6 ß 22 & 1 Hall

Item Wagner daß 40 & 17 & fur ain hasen 1 & kingsteur 1o & zestift

facit 68 &

Chueppenreytt

Item Gilg Robl daß ain Pf 10 & fur zwo hen 6 & fur dreissik ayr 11 & fur 11 kas 16 & fur ain schotharbs 10 & zestift

facit 9 ß 23 &

Item Sauberlnig daß sovil

facit 9 ß 23 &

Item Hansl gaifl daß sovil

facit 9 ß 23 &

Suma 5 Pf 5 ß 2 &

Volkhnpach

Item Troppl daß ain Pf 15 & fur drey dinst hen 12 & fur 60 ayr ain & fur ain kas 16 & fur ain schot harbs 10 & zestift

facit 9 ß 24 &

Item des lengnriders hof daß 2 & king steur get nicht in die stift

Geyrsperg

Item peter daß 6 ß 6 & fur dreissik air ain & fur ain kas 10 & fur zwo

dinsthen 16 & fur ain schot harbs 10 & zestift

facit 7 ß 13 &

Item petrn Sun daß sovil

facit 7 ß 13 &

Item Hansl daß sovil

facit 7 ß 13 &

Rumppenstadl

Item nikl weber daß ½ Pf 10 & fur zwo hen 3 & kingsteur 10 & zestift

facit ½ Pf 23 &

Lautzmansperg

Item michel mulner daß ain Pf 3 & kingsteur 10 & fur zwo dinsthen 6 & fur 32 air 8 & fur 8 kas 10 & zestift

facit 9 ß 7 &

Suma 5 Pf 6 ß 5 &

(Seite 6 im Originaltext)

Item Hans Taschner daß ½ Pf 10 & fur zwo dinst hen 6& fur dreissik air ain & kingsteur 16 & von ainer selden 8& fur ain halbs schott harbs 10 & zestift

facit 5 ß 28 &

Item Tomel daß sovil

facit 5 ß 28 &

Aukhental

Item Zags wartl daß ain Pf 10 & fu zwo hen 3 & kingsteur 10 & fur zwo dinsthen 20 & zestift und sind zwai guit

facit 9 ß 12 &

Item fuggs daß ain Pf 20 & fur vir dinst hen 4 & kingsteur 10 & zestift und von ainer halben wis 6 Grsch

facit 10 ß 19 &

Item Tonsess vo der andrn halbe wis

facit 6 Grsch

Item Schilher daß ain Pf 20 & fur vir dinst hen 4 & kingsteur 10 & zestift

facit 9 ß 4 &

Suma 5 Pf 76 &

Item vil daß 32 & 5 & fur ain hen ain & kingsteur und stift nicht

facit 38 &

Praßreytt

Item Schifer daß ½ Pf 5 & fur ain hen ain & kingsteur 6 & fur dreissik ayr 10& fur zwo dinsthen 10 & zestift

facit 5 ß 2 &

Item aichinger daß 60 & 10 & zestift 9& fur klain dinst

facit 79 &

Item peter ploch daß ain Pf 10 & fur zwo dinsthen 12 & fur 60 air 5 & fur ain hen ain & kingsteur 10 & zestift

facit 9 ß 8 &

Item Gyrsnoglin daß von ainer hofstat 20 & get nicht in di stift

facit 20 &

Suma 2 Pf 87 &

(Seite 7 im Originaltext)

Olzensperg

Item michel kling daß 7 ß 2 & 9 & fur 9 kas 10 & fur zwo dinst hen 6 & fur dreissik air 3 & kngsteur 16 & fur ain schotharbs 10 & zestift

facit ain Pf 26 &

Item michl Tayk daß ain Pf 9 & fu 9 kas 10 & fur zwo dinsthen 6 & fur dreissik air 3 & kingsteur 16 & fur ain schot Harbs 10 & zestift

facit 9 ß 24 &

Item andre wirt daß alsvil

facit 9 ß 24 &

Item zags waitl daß sovil

facit 9 ß 24 &

Item Tanzl Sneida daß sovil

facit 9 ß 24 &

Item Partl pekh daß sovil und vo ain öd 40 & und ain Hall

facit 11 ß 3 ½ &

Suma 7 Pf 3 ß 5 & 1 Hall

Item Sager daß ain Pf 15 & fur drey henne 2 & kingsteur 6 & fur dreissik air 9 & fur 9 kas 16 & fur ain schot harbs 10 & zestift

facit 9 ß 28 &

Item pangratz daß 6 ß 9 & fur 9 kas 10& fur zwo hen 6 & fur dreissik air 3 Halb kingsteur 16 & fur ain schotharbs 10 & zestift

facit 7 ß 22 ½ &

Item das and guit daß sovil

facit 7 ß 22 ½ & ITEM Sneida daß vo ain selden ½ Pf 5& fur ain hen 3 & fur 15 air ain & fur ain kas 3 & kingsteur 10 & zestift und 2& kingsteur von aine Kraut guett

facit ½ Pf 24 &

Item Hansl der ulrichen ayden daß 6 & 9 & fur 9 kas 10 & fur zwo dinsthen 6 & fur dreissik air 3 & kingsteur 16 & fur ain schott harbs 10 & zestift

facit 7 ß 24 &

Suma 4 Pf 6 ß ain &

(Seite 8 im Originaltext)

Item peter der ulrichn aydm daß 3 ß 5 & 10 & von dem alt reytt fur zwo henne und stift nicht

facit 3 ½ ß

Item Vuinz heyß daß ½ Pf 5 & fur ain hen ain & ain kas 3 & fur 15 air 3 & kingsteur 10 & zestift

facit ½ Pf 22 &

Item Conrad daß von der Seldn ½ Pf 12 & fur klain dinst 32 & von ainer wis 10 & zestift

facit 5 ß 24 &

Item Hanns ambtma daß geyt von sein guit 10 ß 3 Halbe

facit 10 ß 3 Halbe

Rornpach

Item Soldl daß 2 & kingsteur

Item Tanzar daß 10 & fur zwo henne von dem altreytt

Witragshutt

Item andrl Taufl daß 3 & kingsteur

Suma 3 Pf 17 ½ &

Suma Sumarum facit das ambt
84 Pf 19 & ain Halbr

(Seite 9 im Originaltext)

Nota das nider ambt und Stift des Hanslin etc 72 te

Jardorf

Item Rat daß 6 ß 10 & fur zwo hen 2 & kingsteur 10 & zestift

facit 6 ß 22 &

Item Kissar daß dt auch sovil
facit 6 ß 22 &

Item wagner daß dt auch sovil
facit 6 ß 22 &
Item diethyr daß 3 ß 5 & fur ain hen 1& kingsteur 10 & zestift
facit 3 ß 16 &

Gukhenperg
Item Hainzl daß 60 & 5 & fur ain hen 3 Halb kingsteur 10 & zestift ind ist in der andern jar frey gibt hen nicht
facit 77 ½ &
Item.Kindl daß auch als vil und ist auch das and jar frey gibt hen nicht
facit 77 ½ &

Suma 3 Pf 4 ß 27 &

Glozing
Item Niklas diethyr daß 7 ß gibt er an den andrn Jar ind gibt alle jar 43 & fur klain dienst 10 & zestift
facit allez ain Pf 23 &

Obrn kimering
Item Sigmund holzner daß 5 ß gibt er an dem andrn jar und gibt alle jar 12 ½& für klain dienst 10 & zestift
facit allez 5 ß 22 ½ &

Hinterpergk
Item Hainrich daß 30 & gibtt er an dem andrn Jar 2 & kingsteur gibt er alle jar get nicht in die Stift
facit allez 32 &

Stauffenperg
Item Xab daß gibt 60 & an den andrn jar und 2 & kingsteur gibt er alle jar
facit allez 62 &

Suma 2 Pf 49 & ain halb

(Seite 10 im Originaltext)

Hauzenperg

Item Habischey daß 40 & gibt er an dem andrn jar 5 & fur ain hen ain & kingsteur gibt er alle jar gett nicht in die Stift

facit allez 46 &

Item Ekmulnar daß 60 & 5 & fur ain hen ain & kingsteur Stift nit

facit allez 66 &

Rakling

Item peter daß ½ Pf 5& fur ain hen 3 halb kingsteur 10 & zu Stift

facit ½ Pf 16 ½ &

Item andrl daß gibt auch sovil

facit ½ Pf 16 ½ &

Schaybing

Item die zechlant vo hauznpeg und griespach 6 Gr von dem halbn zehnt geben sj an dem andrn jar und gen nicht in die Stift

fdacit 45 &

Suma 14 ß 10 6

Item Sigl daß 6 gros vo dem andrn halbntail des zehentz gibt er an dem andrn jar und get nicht in dei Stift

facit 45 &

Nidern kimering

Item pettr daß ½ Pf 5 haller kingsteur 10 & fur zwo hen 6 & fur 30 ayr 3 & fur 3 kas 12 & fur ain semel 16 & fur ain schotharbs 10 & zestift

facit 5 ß 29 & 1 hall

Item Jandl daß gibt auch sovil

facit 5 ß 29 & 1 hall

Item kurz nikl daß ain Pf 20 & fur vir dinsthen 12 & fur 60 ayr 6 & fur zwen kas 24 & fur zwo Semel 5 & kingsteur 32 & fur zwai schott Harbs 10 & zestift

facit 11ß 19 &

Champparn

Item Mayr daß ain Pf 10 & fur zwo hen 3 & kingsteur 32 & kingsteur 10 & stift

facit 1 Pf 23 &

Suma 4 Pf 56 &

(Seite 11 im Originaltext)

Pufling

Item pichinger daß ai Pf 5 & fur ain hen 5 hall kingsteur 10 & zestift
facit 1 Pf 17 ½ &

Grueb pey hauzenperg

Item Tomel daß 12 ß 5 & fur ain hen ai & kingsteur 10 & zestift
facit 12 ß 16 &

Item Nikl daß gibt auch sovil
facit 12 ß 16 &

Turhaim der Wald

Item davon gibt man 3 ß gett nicht in die Stift
facit 3 ß &

Klebhaim

Item Liedl daß 10 ß 32 & fur ain lampp 5 & fur ain hen 1 & kingsteur 20 & fur vir dinsthen 12 & fur 60 ayr 3 & fur ain kas 16 & fur ain schotharbs 10 & zestift
facit 13 ß 9 &

Item des Mulners hof daß gibt sovil
facit 13 ß 9 &

Suma 7 Pf 7 ß 7 ½ &

Item die Mil daß 6 ß 8 & fur ain semel 6 & fur 32 air 3 & fur ain kas ain & kingsteur 10 & zestift
facit 6 ß 28 &

Praßreytt

Item vel daß ½ Pf 5 & kingsteur 10 & zestift
facit ½ Pf 15 &

Di ode bey hezmanstorff

Item webar daß 6 ß 10 & fur zwo hen 5& kingsteur 10 & zestift
facit 6 ß 25 &

Grueb pey furstenegk

Item Cuez grueber daß ½ Pf 4 & kingsteur 10 & zestift
facit ½ Pf 14 &

Item grueber daß gibt auch sovil
facit ½ Pf 14 &

Tannenwezleinstorff

Item liedl asthperg daß ½ Pf 12 & fur ain semel 10 & fur zwo hen 6 & fur 30 ayr 2 & fur ain kas 3 & kingsteur 16 & fur ain schott harbs 10 & zestift

facit 5 ß 29 &

Suma 4 Pf 35 &

(Seite 12 im Originaltext)

Zu Egk auf der jlzlaitten

Itemain guet daß gibt 10 & fur zwo hen 2 & kingsteur und get nicht in die stift

facit 12 &

Ebergotschperg

Item peter daß ½ Pf 10 & fur zwo hen 2 & kingsteur 10 & zestift

facit ½ Pf 22 &

Manznperg

Item graf daß ½ Pf 10 & fur zwo hen 5 & kingsteur 16 & fur ain schott harbs 4 & fur ain kas 10 & zestift

facit 5 ½ ß &

Item Stefl daß ½ Pf 1o & fur zwo hen 16 & fur ain schottharbs 4 & fur ain kas 10 & zestift

facit 5 ß 10 &

Huntzwinkl

Item Stefl daß ai Pf 32 & fur zwai schott harbs 24 & fur zwo semel 4 & fur zwen kas 20 & fur vir dinst hen 12 & fur 60 ayr 2 & kingsteur 10 & zestift

facit 11 ß 14 &

Suma 3 Pf 3 ß 13 6

Wazmanstorff

Item Stropaur daß ain Pf 16 & fur ain schot harbs 10 & fur zwo hen 4 & fur zwen kas 12 & fur 60 ayr 2 & kingsteur 10 & zestift

facit 9 ß 24 &

Staynenlaypach

Item Michl daß 3 ß 10 & fur zwo hen ain & kingsteur 10 & zestift facit 3 ß 21 &

Item hansl aytter daß von der selden 32& 6 & kingsteur get nicht in die stift

facit 38 &

Hazleinstorff

Item Hausner daß 60 & 10 & zestift

facit 70 &

Item Cuezl daß ½ Pf 10 & fur zwo hen 6 & fur 30 air ain & kingsteur 10 & zestift

facit ½ Pf 27 &

Huetarn

Item Hans polster daß ain Pf 5 & kingsteur 10 & zestift

facit ain Pf 15 &

Suma 3 Pf 6 ß 15 &

(Seite 13 im Originaltext)

Item Die Selden daß 6 grs 10 & zestift

facit 55 &

Pehaimzwisel

Item fridl Rodlar daß 60 & geit er an dem andrn jar und geit alle jar ain & kingsteur und 15 & vo ain wisen 10 & zestift

facit allez 86 &

Item michel Rodlar daß 7 ß die geit er an dem andrn jar und geit alle jar 10 & fur zwo hen 5 hall kingsteur 10 & zestift

facit 7 ß 22 ½ &

Item Smidhans daß ½ Pf gibt er an dem andrn jar und geit alle jar 10 & fur zwo hen 2 & kingsteur 10 & zestift

facit ½ Pf 22 &

Item Hans pramel daß ain Pf 10 & fur zwo dinsthen 3 hall kingsteur 6 & fur 30 ayr 10 & zestift

facit ain Pf 27 ½ &

Suma 3 Pf 63 &

Item Tomel daß gibt sovil

facit 1 Pf 27 ½ &

Item Herman daß 6 ß 12 & fur ain Semel 10 & fur zwo dinsthen 6 & fur 30 air 3 hall kingsteur 10 & zestift

facit 7 ß 9 & ain hall

Item wolfl daß ain Pf 2 & kingsteur 10 & zestift

facit ain Pf 12 &

Wanzmansreytt

Item andrl samtt daß 60 & gibt er an dem andrn jar und geit alle jar 5 & fur ain hen 2 & kingsteur 10 & zestift

facit 77 &

Item wolfl prindl daß 10 & kingsteur gett nicht in die stift

facit 10 &

Stadl

Item mertl daß ain Pf 15 & fur drey hen 4 & kingsteur 6 & fur 30 ayr 10 & zestift

facit 9 ß 5 &

Item Herll daß ain Pf 15 & fur drey hen 4 & kingsteur 8 & fur ayr 10 & zestift

facit 9 ß 7 &

Suma 5 Pf 5 ß 28 &

(Seite 14 im Originaltext)

Item Gebl daß vo ain hofstst 32 & gett nicht in die stift

facit 32 &

Item Steubar daß ½ Pf 5 & fur ain hen ain & kingsteur 10 & zestift

facit ½ Pf 16 &

Nefang

Item andrl daß 6 ß 10 & fur zwo dinsthen 2 & kingsteur 6 & fur 30 ayr 3 & fur ain kas 10 & zestift

facit 7 ß ain &

Ogssenpach

Item pranttl daß ½ Pf 10 & fur zwo dinsthen 6 & fur 30 air 3 hall kingsteur 10 & zestift

facit ½ Pf 27 ½ &

In der öde
Item hansl daß ½ Pf 5 & fur ain hen 3 haller kingsteur 6 & fur 30 air 10 & zestift
facit ½ Pf 27 ½ &
Item Stefl daß ½ Pf 5 & fur ain hen 3 haller kingsteur 6 & fur 30 air 10 & zestift
facit ½ Pf 27 ½ &

Suma 3 Pf 3 ß 6 &

Die Helmil
Item osbold daß 7 ß 3 & kingsteur 10& zestift
facit 7 ß 13 &

Pilgreinsperg
Item pintter daß 6 ß 12 & fur 60 air 10 & fur zwo hen 2 & kingsteur 10 & zestift
facit 7 ß 4 &
Item pekhar daß 6 ß 12 & fur 60 air 10 & fur zwo hen 2 & kingsteur 20 & zestift
facit 7 ß 14 &

Hohenperg
Item Hopler daß 9 ß 6 & fur 32 air 10& fur zwo hen ain & kingsteur 16 & fur ain schottharbs 10 & zestift
facit 10 ß 13 &

Twerhenain
Item hansl grabmair daß ½ Pf 10 & fur zwo hen 3 hall kingsteur 10 & zestift
facit ½ Pf 21 ½ &
Item Stefl daß ½ Pf 10 & fur zwo hen 3 haller kingsteur 10 & zestift
facit ½ Pf 21 ½ &

Suma 5 Pf 57 &

(Seite 15 im Originaltext)

Styrbergk
Item Liedl daß ½ Pf 2 & kingsteur 10 & zestift
facit ½ Pf 12 &

Item Vogl daß 6 ß 10 & fur zwo dinsthen 5 haller kingsteur 6 & fur 30 air 16 & fur ain schottharbs 10 & zestift

facit 7 ß 14 & 1 hall

Item Cuiz daß ain Pf 10 & fur zwo hen 4 & kingsteur 6 & fur 30 air 16 & fur ain schottharbs 10 & zestift

facit 9 ß 16 &

Item Hartl daß ain Pf 10 & fur zwo hen 5 haller kingsteur 6 & fur 30 air 16 & fur ain schottharbs 10 & zestift

facit 9 ß 14 & 1 hall

Awerbach

Item krimpphansel daß ½ Pf 5 & fur ain hen 3 hall kingsteur 10 & zestift

facit ½ Pf 16 ½ &

Item kristl daß 6 ß und 7 & 60 & vo ain wisen 10 & zestift

facit ain Pf 17 &

Suma 5 ½ Pf 1 haller

Item Hindl scholdrl daß 6 ß 7 & 10 & zestift

facit 6 ß 17 &

Item Hansl wandl daß 38 & von ain wisn get nicht in die stift

facit 38 &

Item poschl wandl daß 6 ß 7 ½ & kingsteur get nicht in die Stift

facit 6 ß 7 ½ &

Slespach

Item hansl daß ain Pf 15 & fur dey hen ain & kingsteur 10 & zestift

facit ain Pf 26 &

Erlmul

Item muln daß 6 ß 6 ½ & kingsteur 10& zestift

facit 6 ß 16 ½ &

Kainaw

Item Steffl webar daß 10 ß 15 & fur drey hen 12 & fur 60 air 5 & furain hen 2 & kingsteur 10 & zestift

facit 11 ß 14 &

Item hansl daß ½ Pf 5 & fur ain hen 3 hall kingsteur 10 & zestift

facit ½ Pf 16 ½ &

Suma 5 Pf 5 ß 15 & ain hall

(Seite 16 im Originaltext)

Item mulnar daß 6 ß 5 & fur ain hen 2 & kingsteur 6 & fur 30 air 10 & zestift

facit 6 ß 23 &

Razing

Item poschl daß ain Pf 6 & fur 30 air 5 & fur ain hen 3 hall kingsteur 10 & zestift

facit ain Pf 22 ½ &

Orttmansperg

Item hansl hopfl daß ½ Pf 5 & fur ain hen 3 & fur 16 air ain & fur ain kas ain & kingsteur 8 & fur ain halbs schotharbs 10 & zestift

facit ½ Pf 28 &

Item das andr gut gibt sovil

facit ½ Pf 28 &

Item von dem zehntt 12 &

facit 12 &

Suma 3 Pf 53 & ain hall

Suma Sumar macht das ander ambtt in ainer Sma

63 Pf 52 &

Suma Tuent paide ambtt in ainer Suma
hundert 47 Pf 71 & ain haller

(Seite 17 im Originaltext)

Nota die Stift in des wolfleins ambtt anno etc 72 to

Huntzrukh

Item Liedl daß vo dreyen gutern

facit 19 ß 3 &

Item Hansl Stark daß

facit 3 ß 10 &

Item Hansel daselben

facit 3 ß 10 &

Senging
Item Lenttz daselben
facit 9 ß 3 Hall
Item Wolf daselben
facit 5 ß 20 &

Haunfang
Item Kristl Stark daselben
facit 2 Pf 6 ß 4 &

Anzn
Item Geisl dasß
facit 15 ß 9 &

Mazleinstorff
Item Fridrich daselben
facit 19 ß 15 ½ &

Sumppring
Item Cuinzl daselb
facit 10 ? 28 ½ &

Suma 13 Pf 4 ß 11 ½ &

Dankleinsreytt
Item Jorg daselben
facit 11 ß 12 &

Die hofmarch Enschnreytt
Item Michl weber daselb
facit 5 ß 28 ½ &
Item Conrad daselb
facit 5 ß 28 ½ &
Item andre weber daß
facit 5 ß 28 ½ &
Item von ainer wisn
facit 7 ß
Item michel zand daselb von zwayen guitern
facit 12 ß 17 &
Item Richtter daselb
facit 5 ß 28 ½ &

Item Nagel daselb
facit 5 ß 28 ½ &
Item Lindl Sneyder daß
facit 5 ß 28 ½ &

Suma 8 Pf 80 &

(Seite 18 im Originaltext)

Item Jorg daselben
facit 5 ß 28 ½ &
Item Stefl daselben
facit 5 ß 28 ½ &
Item Schnisel daselben
facit 5 ß 28 ½ &
Item mulnar daselben
facit 5 ß 28 ½ &

Turmanspenkh
Item Cuinz daselb
facit ain Pf 16 &

Sundorff
Item Hansel daselb
facit 2 Pf 21 ½ &

Hunttarn
Item Stefl daselben
facit 80 &

Schwentt
Item Gilg daselben
facit 51 &
Item Tomel daselbn
facit 51 &
Item pernschopff daselb
facit ½ Pf 2 &

Suma 7 Pf 3 ß 5 ½ &

Alpfaltern
Item andre daselben
facit 11 ß 17 &

Walttarstorff
Item pauls daselben
facit 3 ß 12 ½ &
Item das ander gutt daselb
facit 3 ß 12 ½ &

Symonsreytt
Item andre daselb
facit 9 ß 27 &
Item paulus daselb
facit 5 ß 10 &

Rikhering die hofmarch
Item fridl daselben
facit 11 ß 4 ½ &
Item lausser daselben
facit 11 ß 4 ½ &
Item Ripl daselb
facit 6 ß 4 ½ &
Item und von ain wisen
facit 5 ß &
Item die Tafern daselb
facit 3 ß 3 ½ &

Suma 8 Pf 6 ß 5 &

(Seite 19 im Originaltext)

Item die frau in der Erlach 75 & und get nicht in dystift
facit 75 &

Dietrichswind
Item mathensin daselb
facit 12 ß 10 &

Almusenreytt
Item Hanns daselben
facit 14 ß 18 &

Gneisting
Item Hansen aidn daselb
facit 12 ß minus 1 hall

Hayprechtzreytt
Item Symon Wenkh daß
facit 6 ß 12 &

Mitternach
Item Jorg vischer dasß
facit 15 ß 8 ½ &
Item martl Sneydar daß
facit 61 ½ &
Item von dem werd daselb
facit ain Pf

Suma 9 Pf 34 ½ &

Kasperg
Item Casparl daselben
facit 20 ß10 &
Item mer vo ain Seldn daselb
facit 4 Gr

Ruekering bey winzer
Item von ainen akher daß 20 & und get nicht in die Stift
facit 20 &

Haschartzreytt
Item diem vel daß
facit 2 ½ Pf 5 &
Item Stefl daselb alsviel
facit 2 ½ Pf 5 &
Item Hansel daselb alsviel
facit 2 ½ Pf 5 &

Obrn Mistlperg
Item michel daselb
facit 11 ß &

Nidrn Mistlperg
Item andrl daß
facit 12 ß 12 ½ &
Item Jorg Hinttenams daselb
facit 3 Pf 45 &

Suma 16 Pf 3 ß 12 ½ &

(Seite 20 im Originaltext)

Fronreyt
Item der maurer daß
facit 7 ß 25 &

Swarzhering
Item Hans schruif daß
facit 13 ß 24 ½ &
Item pimpperl daselb
facit 21 ß 27 ½ &
Item peter daselben
facit 47 &
Item die Smitt stat daß
facit 70 &

Fratlperg
Item hansel daselb 10 ß 18 & und get nicht in die Stift
facit 10 ß 18 &

Pressartt die mil
Item mulner dasel
facit 60 &

Ranzing
Item michel daselb
facit 14 ß 18 &
Item linhartt daselb
facit 7 ß 14 &

Suma 10 Pf 64 &

Weserding
Item peter Schruif daß
facit 9 ß 25 ½ &

Nidrn Haselpach
Item Gebl daselb
facit 7 ß 5 ½ &
Item hanging daselb
facit 7 ß 5 ½ &

Oberhaslpach
Item Kristl daselb
facit 19 ß

Hag
Item vel daselbn
facit 12 ß ain &

Ebntal
Item Hanns daselb
facit 13 ß 11 &
Item peter zymerman daß
facit 13 ß 11 &

Czwisthenperg
Item Steffen daselb
facit 7 ß

Suma 11 Pf 5 ß 19 & 1 Hall

(Seite 21 im Originaltext)

Totenpach
Item Schremar daselb
facit 11 ß 21 ½ &
Item Schachnir daselb
facit 11 ß 21 ½ &

Asempaumb
Item Haintzl daß
facit 10 ß 13 &
Item Hyrsnagl daselb
facit 10 ß 13 &

Lueg
Item Venzl daß
facit ain Pf 8 &
Item Hans daß
facit 13 ß 8 &
Item aber ain guit daß
facit 22 ß 4 &

Rewthaim
Item Cuezl ain Pf Stift
facit ain Pf
Item Gozing die wis
facit 20 &

Grafenaw
Item ledrar vo ainer wis
facit 38 &

Suma 12 Pf 57 &

Gebhartting
Item Hainzl daselb
facit 14 ß 28 &

Leytten
Item lindl daselb
facit 9 ß ain Pf
Item fridl daselbn
facit 9 ß ain Pf

Gramyng
Item preinfalkh daß
facit 42 &

Findleinsöd
Item Albrecht daselb
facit 11 ß 4 &

Wolfstain
Item Zötl daselb
facit 18 ß 22 ½ &
Item Smid daselben
facit ½ Pf 10 &
Item peter vollyr daselb
facit 5 ß 22 ½ &
Item Sneider unter dem perg Saldnburk vo ainer selden
facit 6 ß 10 &

Item von ainem guit gelegen bey passaw alle jar zwo hen
facit 10 6

Suma 10 Pf 31 &

(Seite 22 im Originaltext)

Suma Sumarum Tuit des wolflins ambtt in ain Suma
hundert und sieben pfund 7 ß 21 & ain Haller

Suma Sumar macztt die drew ambtt in ain Suma
2 Hundert 55 Pf 52 &
Vermerktt die zuestantt heu in des hanslin baid ambttn
Item des Hanslein Sun vo Kainaww todfal und nemglt 14 ß
Item lindlin vo Kampparn nemgelt 7 ß
Item liedl vo pusing abschied und nemgelt ai Pf
Item Rakl jaudl von nidrn Kumering nemgelt ½ Pf
Item Rabn Sun von grueb nemgelt und Todfall ain Pf
Item wagn liedl ab dem guknperg nemgelt und todfall ¹/Pf
Item Wolfl Schuister von olzensperg vo ain selden nemgelt ½ Pf
Item Hansel Knaus daselb auch von ainer selden nemgelt ½ Pf
Item Snaittenpart vo arfenreyt abschied ain Pf
Item urban sein aid nmglt 7 ß
Item die mayrin vo Kampparn nemgelt und Todfal ¹/Pf

(Seite 23 im Originaltext)

Item Jorg Swab von obrndorf nemgelt 7 ß
Item pet stuepek nemgelt und Todfal ain Pf
Item Hartl von Styrbeck nemgelt und Todfal 7 ß &

Tuint paide ambt 11 Pf 6 &

Nota zuestant in des wolfleins ambtt
Item venzlin vo lueg 5 ß daß sy ain wasser abkert het pfaler und ambtt mann gesproch
Item vischer von mitternach todlaib und nemgelt ain Pf
Item Ciezl weber daß abschied 60 &
Item Caspergin vo Casperg nemgelt 9ß
Item weberin vo mislperg 3 ß daß sy an wissn auf de guit was

Tuit das ambtt3 Pf 3 ß

Tuint die drew ambtt zuestand in ain Suma15 Pf 30 &
Item Tuett das korn hingeben ab dem kasten Salddenburgk
90 Sexling dem Sexling umb 7 ß
Tuet 78 Pf 6 ß

Suma Sumam tuet allez Eincome heur an dinst zuistantt das traid hingeben in ai Sma3 hundert 49 Pf 22 &

Vermerktt den abgang der pfenig gult heur in des Hanslein baidn ambttn
Item dem Hanslin gett ab seine guett zu olznprg 10 ß 3 Haller
Item von dem andrn guet dr öd Hezmanstorff get nu ab 6 ß 25 &
Item dem Hanslin von Hag ist abprennen
5 ß 5 &

Tuet 2 Pf 6 ß 3 Hall

(Seite 24 im Originaltext)

Nota der abgank abr andr jarer heur
Item diethyr vo glozing gett ab 7 ß
Item Sygmund Holzner von obrn kinnering get ab5 ß
Item Hainrich von Hinttrnperg get ab 30 &
Item Rab von Stauffenperg get ab 60&
Item Habischey vo Hauznperg get ab 40&
Item zechland vo Hauznperg und griespach vo dem halbn zehent zu Schaibing get ab 45 &
Item Sigl von Schaibing von dem andrn halbntail des zehent get ab 45 &
Item Rodlar vo pehaimzwisel get ab 60&
Item Smid hans daß get ab ½ Pf
Item michl Rodlar daß get ab 7 ß
Item andrlem frent vo wazmansreyt get ab 60 &
Item ab dem Gukhenperg get ab 77 ½&
Item Ruedl daß get ab 77 ½ &

Tuet der abgang der ander jarer heur
facit 4 Pf 7 ß 15 &

Der abgang heur in des wolfleins ambtt
Item wolfl amttmann get ab an seine guet zu Senging5 ß 20 &
Item von der Smitstatt zu swarzh 4 &
Item Hanslein Steuber von haschartzreit 12 ß 5 &
Item Stefflein daselb gett ab von seinem guet 9 ß 5 &

(Seite 25 im Originaltext)

Item Hanzlein von gebhartting get ab 14 ß 28 &
Item dem mayr von Sundorff gett ab 5ß 21 & ain hal
Item dem Raepplein von Rickering gett ab das der wisen huett und die verfidt 5ß
Item dem michel von mistlperg von dem öden guet get ab ain Pf

Tuet des wolfleins ambtt abgang
7 Pf 5 ß 18 &

Tuet der abgang heu in den dreyen ambtt an pfeng gult
15 Pf 3 ß 6 &
Nota was ich von meins genadg Hrn wegen darwider aufgeb hab
Item als die pehaim in das land der abttey komen meine genadige Hrn vkant und geschast zelon 3 ß
Item darnach dem wolf ambttma hinauf geschikt gen lantzhut mein genadige hrn aller Sach bericht vzert 7 ß
Item darnach als mein genadi her den Notthaft und mich zu den vo passaw und zu den pehaim auf den wollerperk geschiktt hatt zu waldkirchen und passaw verzertt 3 Pf 12 &
Item nachgeschast meins genadigen hrn meine hrn von passaw zwir geschrien zulon 36 &
Item dem hans ambttma von dem zehnt zesamen ain Pf und der Stift ½ Pf
facit 12 ß

Suma 6 Pf 7 ß 18 &

(Seite 26 im Originaltext)

Item dem wolfl ambttma von dem zehnt zesamen ain Pf und von der Stift 60 &
facit 10 ß &
Item kauft in die Cappelln 6 Pf wags albey ai Pf umb 48 &
facit 9 ß 18 &

Item dem Cappelan zu Sold

15 Pf
Item den dreschrn die dem zehnt austroschen haben in den zehnt Szadln zu lon
facit 4 Pf 6 ß 17 &

facit 22 Pf 65 &

Tuet mein aufgab allez in ainer Suma
29 Pf 53 &
Item verpautt ainen Marstall gemacht und andr noturft
Item zwen dreyling Kalchs kauft
facit 14 ß 6 &
Item darnach vzert 14 &
Item kauft von dem Heyblmulnar Reich ladn und gemain ladn hat hansl ambttman pracht
facit 4 Pf 24 &
Item dem lenpirner umb ladn gebn 50&
Item dem Muln von Endlach auch umb ladngebn hat wolfl ambttman pracht

ain Pf
Item Hansl ambttma kauft Segshalb tausent scharschindl von dem liedl von Aurbach
facit 20 ß 15 &
Item zerung darauf 45 &
Item mar kauft hansl ambttman vir tausend und 6 hundert scharnagl albey ain tausend umb 10 grsch und 9 hundert lattnnagl ye ain hundt ub 20 & und 8 & dem knecht zu trinkhn
facit 2 Pf 88 &

Suma 12 Pf 62 &

(Seite 27 im Originaltext)

Item Jorg hat 13 tag zelon
facit 13 ß 26 &
Item lenhartt hatt 8 tag
facit ain Pf 16 &
Item pauls maur hat 5 tag
facit 5 ß 10 &

Item Toman maur hat 5 tag
facit 5 ß 10 &
Item den kar auf der Cappelln gedeckt hat zwen tag
facit 64 &
Item maister pet zymma hatt 23 tag
facit 23 ß 46 &
Item hans miln hat 26 tag
facit 26 ß 52 &
Item Stelzer hatt 9 tag
facit 9 ß 18 &
Item liedl hat 19 tag
facit 19 ß 38 &
Item Symon hat 5 tag
facit 5 ß 10 &

Suma15 Pf 80 &

Tuet das vpauen in ainer Suma

27 Pf ½ Pf 22 &

Item So macht mein purkhut und sold mir mein genadig her gen Saldnburk gibt

hundert 75 Pf

Suma Sumar Tuet der abgang mein aufgab das verpaue und mein sold und burkhut in ainer Suma

2 hundert 47 Pf 51 &

Noch meine genadigen hern Schuldig uber dem abgang meiner aufgab das vpauer meinem sold und burkhuit

1 hundert Pf 7 ß 18 & ain hall

(Seite 28 im Originaltext)

Vmerktt das dinst traid an wiaz korn und habrn i des hanslin ambtt Von Erst an wayz

Piberpach

Item Jorg Knaus daselbenain sexling

Heznreytt
Item Hansl daselbenain sexling
Item andrl daselbenain sexling

Haslpach
Item wensawer daselben 2 mas

Suma Tuit der dinst waiz in ainer Suma
3 sexling 2 mas

Nota das dinst Korn

Endlnach
Item Jorg oler daselbnain sexling
Item matheus daselbnain sexling
Item leindl frolich daßain sexling
Item andrl Sneider daselbain sexling

Wamperg
Item peter Sauheytl daßain sexling
Item aber ain peter daßain sexling

Hazleinsreytt
Item Grymel daselb 3 mas
Item pumb andrl daß 3 mas
Item Jorg knaus dasel b6 mas
Item andrl knaus daselb 6 mas
Item kaufman daselb 6 mas
Item Osbold daselbn 6 mas
Item Stadler daselbn 6 mas

Oherbegen
Item Hans vischer daßain sexling
Item andrl daselb 2 mas

(Seite 29 im Originaltext)

Asthperg
Item Jorg daselbnain sexling

Lantzmansperg
Item Tomel daselbai sexling
Item Taschner daselbain sexling

Klebhaym
Item liedl peham daßai sexling
Item des Mulns hof daß ain sexling

Hunzwinkl
Item Steffan daselb 2 sexling

Suma macht das dinst korn in ainer Suma
24 sexling zwo mas
Nota der dinst Habrn in des Hanslein baidn ambttn

Haslpach
Item liedl daselbnain sexling

Heznreytt
Item andrl pauz daß 2 sexling
Item Hansl daselb 2 sexling

Wanperg
Item Sauheytl daßain sexling
Item peter daselbain sexling

Piberpach
Item Jorg Knaus daß 2 sexling

Hazleinsreytt
Item Jorg Knaus daselb 12 mas
Item andrl des purkleins aid

12 mas
Item aber ain andrl daß 6 mas
Item Stadler daselbn 12 mas
Item Osbold daselbn 12 mas
Item Gryml daselb 6 mas
(Seite 30 im Originaltext)

Item Kaufman daselb 12 mas

Asthperg
Item Jorg daselbnai sexling

Oherbegen
Item vischer daselbn 4 mas
Item andrl daselb 4 mas

Endlnach
Item Jorg oler daselb ain sexling
Item matheus daselbain sexling
Item Sneyder daßain sexling
Item leindl daselbain sexling
Item Hamer daselbain sexling

Klebhaim
Item liedl pehaim daßain sexling
Item mulners hof daßain sexling

Lantzmansperg
Item Tomel daselbain mas
Item Taschner daselbain mas

Hunzwinkl
Item Steffan daselbn 2 sexling

Tuet der dinst Habrn in ainer Suma der Hansln ambtt
29 sexling und 6 mas

Nota der voytt habrn in des Hanslein baidn ambttn

Olzensperg
Item Taykh daß 6 mas
Item andrl wirt daselb 6 mas
Item Jorg zachswartl daß 6 mas
Item Hansl der velin aydn daß 6 mas
Item michel klinger daselb 6 mas
Item Stainzl sneyder daß 6 mas
Item partl pekh daselb 6 mas
Item andrl Sager daselb 6 mas
Item pangratz daß vo zwaien guitn 12 mas
Item Hans ambttmann das 6 mas

(Seite 31 im Originaltext)

Oherbegen

Item michel Stadler daß 2 mas
Item andrl daselbn 2 mas
Item nach des Teufls guet daß 2 mas
Item nach des Poll guet daß 2 mas
Item feydl daselb 2 mas
Item Sanmel pekhn guet daß 2 mas

Arttmansperg

Item Hansl daß 3 mas
Item peter Saumer daß 3 mas

Stainenlaypach

Item Chusser daselbain mas
Item Hansl aytter daßain mas
Item Venzl mich daßain mas
Item inde jorg daßain mas
Item liedl daßain mas
Item plumbaur daßain mas
Item mertl aytter daselbain mas
Item Hansl daselbain mas

Twerhenain

Item Stefl Kruegl daß 3 mas
Item Hansl daselb 3 mas
Item Stakhinger daß 3 mas
Item Jorg daselbn 3 mas
Item Nikl daselbn 3 mas
Item Michel Sammer daß3 mas
Item liedl daselbn 3 mas
Item grabmair daß 3 mas
Item Troppl daselbn 3 mas

Karlspach

Item albl peter daselb 3 mas

(Seite 32 im Originaltext)

Styrberk

Item Cuezl daselbain mas
Item Herl daselbain mas
Item michl vogl daselbain mas item der alt vogl daßain mas

Gayspach

Item Kölbl pekh daßain mas
Item Semel Rosch daß ½ mas
Item pintter daselb ½ mas

Grossen Tumgasting

Item Gilg daßain mas
Item andrl daselbain mas
Item Nikl peter daßain mas
Item Hansel winkler daßain mas
Item Kristl paur daselbain mas
Item peter gruener daßain mas
Item nikl liedl daßain mas
Item des Habischey puer daßain mas
Item Kurz peter daselbain mas
Item Stefl Stadler daßain mas
Item Die wittib daselbain mas
Item Hansel weiss daselbain mas
Item michl Sammer daßain mas
Item Gaysperger daselb 2 mas

Ruemanstorf

Item peter Schaidinger daßain mas
Item wolfl daselbain mas
Item nikl daselbain mas
Item gangl daselbain mas
Item paumgarttner daß 3 mas
Item Holzprobst daselbain mas
Item Holzoppfl daselbain mas

(Seite 33 im Originaltext)

Item Sreffan weidinger daß 2 mas
Item wittyb daselb 2 mas

Glozing

Item Diethyr daselbain mas
Item Hansl daß vo zwaie guetrn 2 mas
Item peter daselbenain mas
Item Hauzl Daumbl daselbain mas
Item Smid daselbain mas
Item Zankl liedl daßain mas
Item weber nikl daßain mas

Item lang peter daselbain mas
Item Steffan plank daßain mas
Item graml liendl daßain mas

Tuett der voit Habern in des Hanslein baydn ambttn
20 sexling ain mas
Nota wo und an welchen Endn der zehnt in des Hanslein bayden ambttn lygtt

Olznperg
Item pangratz gastl daß von zwai guetrn
ganzn zehnt
Item nach der obern seldn daselb
gantzen zehnt
Item Conrad vo der seldganze zehnt
Item Cuez heys daßganzn zehnt
Item Haubl ab der ödganzn zehnt

Endlnach
Item Oler daßganzn zehnt
Item Matheus daßganzn zehnt
Item Sneid daßganzn zehnt
Item liedl daßganzn zehnt
Item Hamer daßganzn zehnt
Item muln daßganzn zehnt

Haslppach
Item Rokl daß nach aine guet
ganze zehnt
Item Schwartl daselbganzn zehnt
Item Urban daßganzn zehnt
Item Tomel daßganzn zehnt

Prassreytt
Item Schiferin vo zwaie git
ganze zehnt
Item nach dem Halblichn an der gestettenganzn zehnt
Item Stangl nach aine lehn
ganze zehnt

(Seite 34 im Originaltext)

Item ploch daß nach aine lehen
ganze zehnt
Item Greil daß nach zwaien lehn
halbn zehnt
Item Peschl daß
ganzn zehnt
Item parzl daselb von ainem Halbenguet
gantzn zehnt
Item wapler daß von ainem guet
halbn zehnt

Grossen wiesen
Item peter Ebrl daß
ganzn zehnt
Item Jorg Ebrl daß

ganzn zehnt
Item Hansl Huek daß
ganzn zehnt
Item Tauss von ainer seldganzn zehnt

Geyrsperg
Item pet daß vo aine guetganzn zehnt
Item Hansl daß

ganzn zehnt

Lobnstain
Item Hainrich daß
drittai zehnt
Item Schefman daßdrittail zehnt
Item Dankl daßdrittail zehnt
Item andrl daß
drittail zehnt
Item Cuizl ganel daßdrittail zehnt
Item Hansl Rattmansperg drittail zehnt

Hasleinstorff
Item ulrich daselb

ganzn zehnt
Item Cuiz daß

ganzn zehnt
Item Hansn vo andrn halbe guet
ganzn zehnt
Item nagl vo aine halbnlehganzn zehnt
Hohenperg
Item Stefl daß vo aine aign ganzn zehnt
Item das andre aign daßzwaitail zehnt
Item stesleins sun daß von ainem aygen
ganze zehnt item liedl daß
zwiatail zehnt

Pehaimzwisel
Item Herman vo zwaie guet gazn zehnt
Item Stefl zwislar ain guetgazn zehnt
Item praml daß ain guetganzn zehnt

Pigreinsperg
Item pintt daß
zwiatail zehntz
Item Gilg daß
zwaitail zehntz
Item pekhar daß
zwiatail zehntz
Item osbold Helmulnganzn zehnt
Item Hansl ab der ödganzn zehnt
Item Stefl daß
ganzen zehnt
Item prantl vo oxnpach ganzn zehnt

fürholz vor dem pehmwald
Item auß demselbn daß auf allen guetrn
zwaitail zehntz

Styrberk
Item Cuez daselb
ganzn zehnt
Item Hartl daß
zwaitai zehntz
Item altvogl daß
zwaitail zehntz
Item jung vogl daß
zwaitail zehntz

Kainaw
Item Hansl daß
zwaitail zehntz
Item fischman daß
zwiatail zehntz
Item webar daß
ganzn zehnt

(Seite 35 im Originaltext)

Mitterlaypach
Item martl daselb
drttail zehnt
Item Sparslid daß

halbn zehnt
Item ploch daselb

halbn zehnt

Rakhersperg
Item Hansl an nid ort

ganzn zehnt
Item lindauer daß
ganzn zehnt
Item ulrich daselb
ganzn zehnt
Item Jorg Kolbl daselbganzn zehnt
Item Tomel daß
halbentail zehnt
Item pauls daß

halbn zehnt
Item kytl mulnr daßganzn zehnt

nach aine akher puhlperg
Item ploch vo aine hofzwaitail zehnt
Item pintt vo ain seldenzwaitail zehnt
Item nach des michlhofzwaitail zehnt
Item nach des stefleins hof zwaitail zehnt
Item nach des Rakhers Hof zwaitail zehnt

Item nach des wazings Hof zwaitail zehnt
Item nach des veln hofzwaitail zehnt
Item des frodolfs hof und selde darnach die

zwaitail zehnt

Swalgkraw
Item lendl daß
zwaitail zehnt
Item vel daß

zwaitail zehnt
Item wolfl daselb
zwaitail zehnt
Item Schuister daß nach ainer Seldn

zwaitail zehnt

Gottwisen
Item Hansl daß
zwaitail zehnt
Item mulpek daß
zwaitail zehnt
Item Staindl daß
zwaitail zehnt
Item nach des stefleins Hof

zwaitail zehnt

Sadreytt
Item nott jackl nach aine lehn

ganze zehnt
Item seidl Hansl
gantzn zehnt

Frankndorf
Item mossr daß vo aine guet dn

drittail zehntz
Item liedl daß vo aine guet

drittail zehnt

Clain Tumgasting
Item aber stefl daß
zwaitail zehnt
Item puz daselb
zwaitail zehnt
Item lang liedl daß den viertail zehnt
Item gros stefl daß den viertail zehnt

Aunperg
Item des stefleins guet
ganzn zehnt
Item des Hainrichs guet
ganzn zehnt
Item mul andrl

ganzn zehnt
Item webars selden

ganze zehnt
Item Nach ain öde Haus Hopfling daselbn

ganzn zehnt

Tuet der Zehnt heur in des Hanslein baidn ambttn
An waiz
2 sexling 1 mas
An Korn
40 sexling ½ mas
An habrn
11 sexling 1 mas

(Seite 36 im Originaltext)

Nota der dinst Habrn in des Wolfleins ambtt

Huntzruk

Item liedl daselb	12 mas
Item Hansl daselb	24 mas
Item Stark daselbn	24 mas

Alpalttrn

Item andrl daß	2 sexling

Totnpachoff

Item Schremar daß	18 mas
Item Schachn daselb	18 mas

Mttnach

Item Steffan daselbn	2 sexling

Waltterstorf

Item pauls Smalzl daßain sexling

Tuet der dinst Habrn in des wolfleins ambtt17 sexling
Nota der voytt Habrn in des wolfleins ambtt

Huntzruk

Item liedl daß	2 mas
Item Hansl daselbn	4 mas
Item Stark daselb	4 mas

Tragssenperg

Item daselbn dren guet	6 mas

Rabenstain

Item daselbn dren gurt	6 mas

Egnreytt

Item daselbist gibt man	4 ½ mas

Lympperg

Item daselbist gibt man	8 mas

Eyzmanstorf

Item daselbist gibt man	4 mas

Gienhartting
Item daselbs von funf guetn 10 mas

Gaznreit rotnpach Kafring und
Spitzendorf gebn alle 24 mas

(Seite 37 im Originaltext)

Wizmansperg
Item daselb vo zwaie guetn 4 mas

Niderhaym
Item daselb von dreyen guetrn 6 mas

Padling der Hof
Item da gibt man von 4 mas

Alpfalttrn
Item daselbn gibt man 5 mas

Slinttorn
Item daselbn gibtt man 11 mas

Gneisting
Item daselbist gibt man 5 mas

Egnyng
Item Tomel daselb gibt 3 mas

Enznstorf
Item daselbist gibt man 16 mas

Durmanspenk
Item Steffan daselb gibtt 2 mas

Vormhaim
Item muttner daß gibt 6 mas

Nepperstorff
Item daselbn gibtt man 10 mas

Gramansperg
Item daselbngibt man 3 mas

Hals	
Item daselbn gibt man	4 mas
Haunfang	
Item andrl daselb gibt	4 mas
Item gen weserding asmbtt man alle Jar	38 mas
Gerasperg	
Item daselbs gibt man	6 mas
Tuet der voit Habrn in des wolfleins ambtt an ain Sma	26 sexling ½ mas

(Seite 38 im Originaltext)

Nota der zehnt in des wolfleins ambt wo und an welchen End Der ligtt

Prezing	
Item zu dem martlein	halbn zehnt
Item zu dem Haus daß halber guett von Halbn guet	ganztzn zehnt
item albrecht daselb vo halbn guett	ganzn zehnt
Hoff	
Item albrechtin daß	ganzn zehnt
Item Hans daß	ganzn zehnt
Item michl Sneider daß	ganzn zehnt
Nusperg	
Item leonhartt daß	zwaitail zehnt
Item ander daß	zwaitail zehnt
Wullenstorf	
Item daselb in aine guet	zwaitail zehnt
Item mer daß in aine stadl	zwaitail zehnt
Lueg	
Item daß in dreye stadln	ganzn zehnt
Weikherstorf	
Item daselb in aine guet	zwaitail zehnt

Arttenperg	
Item ain guet daß	zwaitail zehnt
Item mer in aine stadl daß zwaitail	
item in der dritten stadl	zwaitail zehnt
Pezlansperg	
Item auf zwayen guetrn daseln	ganzn zehnt
Swamperg	
item daselbn aus aine Stadl	ganzn zehnt
Haszmansperg	
Item daß in zwaie stadln	ganzn zehnt
Grueb ander mil	
Item daselbn	ganzn zehnt
Gozing	
Item daselb in fünf Stadln	ganzn zehnt
Zw Kogl	
Item daß in dreien szadln	ganzn zehnt
Gramyng	
Item daß in zwaien stadln	zwaitail
Enznstorf	
Item daselb in dreien stadln	ganzn zehnt
item mer daß in zwaien stadln	halbn zehnt
Sykhnperg	
Item daselb in dreyen stadln	ganzn zehnt
Item mer daß in zwain	halbn zehnt
Drashaim	
Item daselb auf zehn guetlein	die zwaitail zehnt
Germansperg	
Item daselbs in zwaien stadln die	zwaitail zehnt
Sumppering	
Item daselb ain stadl	zwaitail zehnt

(Seite 39 im Originaltext)

Amering

Item saß in vir stadlnganzn zehnt

Pyrkhing

Item Daselb in zwein stadln ganzn zehnt
Item mer in ainem stadl daselbn die zwaitail zehnt

Guenhartting

Item daß in zwaien stadln ganzn zehnt
Item mer daselb in zwain stadln anderthalbntail zehntz

Kappfhaym

item daselb in dreyen Stadln zwaitail zehntz

Weserding

Item daselb in Sex stadln zwaitail zehntz

Sanzing

Item daß in dreyen stadln zwaitail zehntz

Rainyng

Item daß in aine stadlganzn zehnt

Minsing

Item daß dren guetdie zwaitail

Drestorff

Item daß drew guethalbtail zehnt
Suma Tuet der zehntt heur in des wolfleins ambtt an waiz Korn und Habrn

Item von Erst an wayz	3 sexling
ain mas von Korn	40 sexling
	2 mas
Tuet heur an Habrn 10	sexling und 1 mas

Nota was heu angetraid in den dreyen ambttn vo dinst voytt und zehnt wordn ist

Item am Erst an waytz	9 sexling
Itemam Korn	1 hundert 5 sexling ½
mas	
Item an Habr	1 hundert 14 sexling 1 ½
mas	

(Seite 40 im Originaltext)

Nota der anstandt heur an getraid etc
Item am Ersten an Waiz
Item dem Hansl von Hrtznreytt gett ab an seine guet 2 mas
Item dem wensaur von Haslpach gett ab 2 mas

Suma ain sexling

Nota der anstand an Korn
Item dem Sneidser von Endlnach get ab ain sexling

Nota der anstand an Hab
Item dem Smid vo Endlnach ain sexling
Item dem Hans ambttma get ab an seine guet zu olznsperg voitt6 mas
Item So mist ma alle jar Ein an dem voit auf den Kast 4 mas
Item dem schreibar der in den zehnt Reytt und hilft Same 4 mas

Nota der abgang des wolfleins ambtt
Itemm dem pauls vo walttstorf ain sexling
Item dem Hansl vo alpfoltt 4 mas

Suma macht der abgang heur in den dreyen ambtt an waiz Korn und Habrn
Itemm am Erst an waizain sexling
Item an Korn ain sexling
Item an Habrn4 sexling 2 mas

(Seite 41 im Originaltext)

Item was ich an getraid von meines genadigen Hrn wegen dawider aufgeb hab
Item dem Cappellan gebn zu Saldnburk 2 mas waiz
Item mer gebn demselbn Cappella 2 sexling korn
Item dem pfal auf dem Turm 4 sexling korn
Item abpachn zu dem zehnt fur 1 sexling korn
Item dem Roboltte heur geb zu Essen und brot 3 sexling
Suma Tuet der anstand mein aufgab heur des getraytz an waiz Korn und Habrn

Item an waiz 1 sexling	2 mas
Item an Korn 11 sexling	
Item an Habrn 4 sexling	2 mas

Noch meine genadigen hrn heur schuldig uber dem abgang mein aufgab des getraitz

Item an waiz 7 sexling	2 mas
Item an Korn 94 sexling	½ mas
Item Am Habr 1 hundert	9 sexling 7 ½ mas

(Seite 42 im Originaltext)

Glossar

&	=	Geldwährung: 1 Pfennig = 2 Haller (halbe Pfennig).
abfahrt	=	Wegheirat, auch Hofübergabe.
abgank	=	etwas, was fehlt, bzw. was abgeht, Verlust.
abschied	=	Ausscheiden aus der Grundherrschaft, z.B. durch Tod.
aiden	=	Schwiegersohn.
aigen	=	Eigentum.
air - ayr	=	Eicr.
alt reytt	=	Alte Rodung.
ambt (t)	=	Amt.
ambtman	=	Ortsführer – Verantwortlicher für die Untergliederung einer Herrschaft, wie Oberamt, Unteramt u.ä.
anstand	=	etwas,was fällig ist, – Steuern bei Besitzwechsel o.ä.
aufgab	=	Ausgabe.
aytter	=	Schwiegersohn.
Cappellan	=	Priester.
Cappeln	=	Kapelle.
die smitt	=	Schmiede.
dienst hen	=	Dienst-Huhn, an gewissen Tagen im Jahr fällige Naturalabgabe. Muß eingedient, also gebracht werden.
dinst habrn	=	Dienst-Hafer. Pachtzins in Naturalien, wird oft neben der Stift erhoben. Bringschuld.
dreitail - drittail	=	Drittel.
dreyling	=	Hohlmaß – Weinmaß, etwa 20 bis 30 Eimer.
dreyssigk	=	Dreißig.
gein	=	gegen – bei ... gelegen.
gemain ladn	=	Bohle / Brett = 16 Fuß lang, 1 Zoll dick, 12 Zoll breit.
getraitz	=	Getreide.

groschen = Geldwährung 1 Groschen = 8 &.

guett - guit = Gut.

gült - gilt = Jährliche Schuldigkeit für geliehenes Gut, Geld oder Grund und Boden. Pachtzins in Naturalabgaben.

habrn = Hafer.

halbn tail = Die Hälfte.

Haller = Geldwährung: 1 Haller = 2 halbe Pfennig.

harbs = Flachs

Hausfrau = Ehefrau.

Haymgenutz guetz = Selbstgenutztes Gut.

hen = Huhn

kalchs = Kalk

kar = Kiste, Truhe, u.ä. – auch oberes Balkenlager, Stockwerkhöhe, – „worauf das tachwerke gesetzt wird„.

kas = Käse

kastn = Scheune, etwa zur Lagerung des Zehent.

kingsteur = Königsteuer. Früher Naturalabgabe und Kriegsdienst – wurde in eine allgemeine Steuer, die Königsteuer, umgewandelt. Orte, in welchen Königsteuer gezahlt wurde , lagen in ehemaligen unmittelbarem Königsbesitz und deuten auf ein sehr hohes Alter hin. Vermutlich gehen die im Stiftsbuch genannten Orte mit Königsteuer auf eine Schenkung Kaiser Heinrich IV. zurück. Am 28.3.1193 überläßt Heinrich dem Bischof Wolfger v. Passau die Marienanstalt zu Passau, welche ihm zur Nutzung unterworfen war. Somit wurde dem Bischof u.a. die Vogtei (siehe Vogt-Hafer) und der Königsdienst übereignet. Alle späteren Eigentümer der mit „Königsteuer“ belegten Güter übernahmen diese Steuer, wenn jetzt auch zweckentfremdet, als festen Teil ihres Einkommens und konnten diese nun auch, zusammen mit dem jeweiligen Gut, wieder weiterveräußern.

klain-dienst	=	Geschenkgabe an den Grundherrn in Form von Naturalien, welche der Versorgung der Küche und der Haushaltsführung des Grundherren dienen – Die Ablieferung war meist an bestimmte Feiertage gebunden.
kytz	=	Junge Ziege.
lamp(p)	=	Lamm.
ldrar	=	Lederer = Gerber.
marstall	=	Pferdestall.
mil	=	Mühle
milner	=	Müller.
nemgelt	=	Entgelt für Neueinführung eines Erben. Im Durchschnitt etwa 7 ß.
noturft	=	Mängel.
pehaim	=	Böhmen.
pekhar	=	Bäcker.
Pf-Pfund	=	Geldwährung: 1 Pf = 8 ß (Schilling) – 1 Schilling = 30 &.
pfal(lor)	=	Mann, der außerhalb der Mauern lebt.
Pfenniggült	=	Ableistung von Scharwerksdiensten in Geld umgewandelt.
prettnagl	=	Großer Nagel.
purkhut	=	Tätigkeit als Pfleger.
Reich ladn	=	Bohle / Brett = 16 Fuß lang, 1 1/2 Zoll dick, 12 Zoll breit.
Roboltter	=	Scharwerker, mußte Frondienste leisten.
scharnagl	=	Nagel für Dachschindel – etwa 2 Zoll lang (4,8 cm).
scharschindel	=	Dachschindel aus Holz – wird genagelt, im Gegensatz zu Legschindel. – 18 bis 20 Zoll lang, 3 bis 4 Zoll dick.
Scharwerk	=	Hand- und Spanndienst, Haus-und Feldarbeit, Jagddienst.
schuister	=	Schuster.
selde	=	Hofgröße = 1/8 Hof = ca 15 bis 30 Tagwerk.

semel	=	Weißbrot
sexling	=	Hohlmaß: 1 Saldenburger sexling war 1/6 eines Passauer Schaffs. Der Saldenburger sexling war in 8 mas unterteilt. 1472 brachte 1 sexling Korn 7 ß = 210 &, 1 mas brachte 26 &.
shot	=	Bündel
Smid	=	Schmied.
Smitt stat	=	Schmiede.
sneydar	=	Schneider.
stadler	=	Knecht, welcher den Heuboden instand hält.
stift	=	Pachtzins für überlassenes Gut,
	=	Geldabgabe.
ß	=	Geldwährung: 1 Schilling = 30 &.
tafern	=	Wirtshaus.
todfal	=	Abgabe an den Grundherrn beim Tode eines Untertanen. Im Durchschnitt etwa 7 ß, oder etwa 5 % des Hofwertes.
todlaib	=	Abgang durch Tod.
voyt habrn	=	Naturalabgabe von Hafer. – Abgeleitet von Vogtei. – Geistliche Herrschaften hatten weltlichen Herscher als Schutz (Vgt). Die Vogteiuntertanen waren so den ordentlichen Gerichten unterstellt. Die Vogtei ging später auf die geistlichen Herrschaften selbst über. Somit war Vogtei später nur noch ein Alibi um die althergebrachten Abgaben weiterhin zu fordern.
waiz	=	Weizen.
webar	=	Weber.
werd	=	Wirt.
wittib	=	Witwe.
Zehent – zehntt	=	Der 10. Teil der Getreideernte für die Kirche. In Bayern erst durch Karl d.Gr. eingeführt. Später ging der Zehent auch in weltliche Hände über. Der Zehent war Holschuld, brauchte also nicht geliefert werden.
zuestantt	=	Einnahmen aus besonderen Anlässen, wie Tod, Einheirat usw.
zwaitail	=	Die Hälfte.

Ortsregister

Ortsname	Schreibweise 1472	Gemeinde	Landkreis	Zur Identifiz. verw. Literatur	Seite im Original
Almosenreuth	Almusenreytt	Schönberg	FRG		20
Altfaltern	Alpfaltern	Thurmansbang	FRG		19
Alzesberg	Die mil olzensperg	Röhrnbach	FRG		5
Alzesberg	Olzensperg	Röhrnbach	FRG		8
Appmannsberg	Orttmansperg	Waldkirchen	FRG	IV	17
Arfenreuth	Arfenreyt	Grafenau	FRG		3
Aschberg	Asthperg	Fürsteneck	FRG	IV	4
Asenbaum	Asempaumb	Witzmannsberg	PA		22
Attenberg	Arttenperg	Ruderting	PA		39
Atzeldorf	Ozldorf	Perlesreut	FRG	I	5
Auberg	Aunperg	Hutthurm	PA		36
Auerbach	Awerbach	Waldkirchen	FRG		16
Auggenthal	Aukhental	Röhrnbach	FRG	IV	7
Badlhof	Padling der Hof	Tittling	PA	VI	38
Bieberbach	Pyberpach	Perlesreut	FRG		2
Böhmzwiesel	Pehaimzwisel	Waldkirchen	FRG		14
Dettenbachhof	Totenpach Hof	Neukirchen v. W.	PA	VI	22
Donauwtzdorf	Tannenwetzleinstorff	Thyrnau	PA	II + III	12
Ebental	Ebntal	Ruderting	PA	IV	21
Eberhardsberg	Ebergotschperg	Büchelberg	PA	II	13
Edlmühle	Erlmul	Waldkirchen	FRG	IV	16
Eggenreuth	Egnreytt	Thurmansbang	FRG		37
Eging	Egnyng	Eging	PA		38
Eizersdorf	Eyzmanstorff	Thurmansbang	FRG		37
Entschenreuth	Die Hofmarch Enschnreytt	Saldenburg	FRG		18
Enzersdorf	Enznstorf	Witzmannsberg	PA		38
Exenbach	Ogssenpach	Grainet	FRG	III	15
Falkenbach	Volkhnpach	Freyung	FRG		6
Farnham	Vormhaim	Witzmannsberg	PA		38
Fillasöd	findleinsöd	Ruderting	PA	IV	22
Fradlberg	Fratlberg	Zenting	FRG		21
Freyung	Wolfstein	Freyung	FRG		22
Frohnreuth	Fronreyt	Schönberg	FRG		21
Fürholz	fürholz vor dem pehmwald	Grainet	FRG		35
Gaisbach	Gayspach	Hutthurm	PA		33
Gatzerreut	Gaznreyt	Witzmannsberg	PA		37
Geferting	Gebhartting	Tiefenbach	PA	IV	22
Germannsberg	Gerasperg	Büchelberg	PA	II	38
Germannsberg	Germansperg	Büchelberg	PA	II	39
Geyerhof	Gramansperg	Neukirchen v. W.	PA	VIII	38
Geyersberg	Geyrsperg	Freyung	FRG		6
Gingharting	Gienhartting	Thurmansbang	FRG		37
Glotzing	Glozing	Untergriesbach	PA		10
Gneisting	Gneisting	Hunding	DEG		20
Götzing	Gozing	Tiefenbach	PA	IV	22
Götzing	Gozing	Tiefenbach	PA		39
Grafenau	Grafenaw	Grafenau	FRG		22
Gramming	Gramyng	Tiefenbach	PA		22

Großmisselberg	Obrn Mistlperg	Eppenschlag	FRG		20
Großtannensteig	Grossen Tumgasting	Hutthurm	PA		33
Großwiesen	grossen wiesen	Röhrnbach	FRG		35
Grub	Grueb pey hauzenperg	Hauzenberg	PA		12
Grubhof	Grueb pey furstnegk	Hutthurm	PA	IV	12
Grubhof	Grueb an der mil	Witzmannsbeg	PA	VI	39
Gschwendt	Schwentt	Thurmansbang	FRG		19
Gutwiesen	Gottswiesen	Büchelberg	PA	II	36
Haag	Hag bei dem wildnstain	Hohenau	FRG		3
Haag	Hag	Neukirchen v. w.	PA		21
Hals	Hals	Passau	PA		38
Harschetsreuth	Harschartzeytt	Grafenau	FRG		20
Harsdorf	Hazleinstorff	Röhrnbach	FRG		13
Harsdorf	Hasleinstorf	Röhrnbach	FRG		35
Haselbach	Haslpach bey furt	Grafenau	FRG		3
Hatzerreuth	Hazleinsreytt	Perlesreut	FRG	I	5
Hatzesberg	Haszmansperg	Ruderting	PA		39
Haufang	Haunfang	Saldenburg	FRG		18
Hauzenberg	Hauzenperg	Hauzenberg	PA		11
Hochwegen	Oherbegen	Fürsteneck	FRG	I + IV	4
Hof	Hoff	Witzmannsberg	PA		39
Höhenberg	Hohenperg	Waldkirchen	FRG		15
Höllmühle	Helmil	Jandelsbrunn	FRG	IV	15
Hötzenreut	Heznreytt	Perlesreut	FRG		2
Hunding	Hunttarn	Hunding	DEG		19
Hundsruck	Huntzrukh	Saldenburg	FRG		18
Hundswinkel	Huntzwinkl	Salzweg	PA		13
Hutthurm	Huetarn	Hutthurm	PA	III	13
Jahrdorf	Jardorf	Hauzenber	PA		10
Jederschwing	Ditrichswind	Eging	PA	VI	20
Kafering	Kafering	Witzmannsberg	PA		37
Kamping	Champparn	Salzweg	PA		11
Kanau	Kainaw	Waldkirchen	FRG	IV	16
Kapfham	Kappfhaym	Fürstenstein	PA		40
Karlsbach	Karlspach	Waldkirchen	FRG		32
Kasberg	Kasperg	Schönberg	FRG		20
Kleeham	Klebhaim	Hutthurm	PA	IV	12
Kleinmisselberg	Nidrn Mistlperg	Schönberg	FRG		20
Kleintannensteig	Clain Tumgasting	Hutthurm	PA		36
Köppenreut	Chueppenreytt	Freyung	FRG		6
Lanzesberg	Lantzmansperg	Röhrnbach	FRG	II	6
Leithen	Leytten	Tiefenbach	PA		22
Lindberg	Lymperg	Thurmansbang	FRG		37
Lobenstein	Lobenstein	Röhrnbach	FRG		35
Loizersdorf	leuzmanstorf	Fürsteneck	PA		4
Lueg	Lueg	Witzmannsberg	PA		22
Manzenberg	Manznperg	Büchelberg	PA		13
Marchetsreut	Markhartzreytt	Perlesreut	FRG		6
Matzersdorf	Mazleinstorff	Saldenburg	FRG		18
Minsing	Minsing	Aicha v. W.	PA		40
Mitterleinbach	Mittelaypach	Waldkirchen	FRG		36
Mitternach	Mitternach	Schönberg	FRG		20
Nammering	Amering	Fürstenstein	PA	VIII	40

Nendlnach	Endlnach	Grafenau	FRG		3
Neppersdorf	Neppersdorf	Neukirchen v. w.	PA		38
Neufang	Nefang	Jandelsbrunn	FRG	IV	15
Niederham	Niderhaym	Witzmannsberg	PA		38
Niederkümmering	Nidern kimering	Hauzenberg	PA	III	11
Nußbrg	Nusperg	Hengersberg	DEG		39
Oberanschießing	Obrnanschessing	Perlesreut	FRG		4
Oberhaselbach	Obernhaslpach	Tiefenbach	PA		21
Oberkogl	zw Kogl	Tiefenbach	PA		39
Oberkümmering	Obrn kimering	Untergriesbach	PA	III	10
Öden	Die öde	Freyung	FRG		5
Ödhof	In der ode	Jandelsbrunn	FRG	IV	15
Passau	1 guet gelegen bey Passau	Passau	PA		22
Petzersberg	Pezlansperg	Ruderting	PA		39
Pilgramsberg	Pilgreinsperg	Waldkirchen	FRG		15
Pirking	Pyrkhing	Neukirchen v. W.	PA	VII	40
Praßreut	Praßreytt	Röhrnbach	FRG		12
Praßreuth	Praßreytt	Röhrnbach	FRG		7
Pressartmühle	Pressartt die mil	Aicha v. W.	PA	IV	21
Pretz	Prezing	Tittling	PA	VIII	39
Rabenstein	Rabenstain	Thurmansbang	FRG		37
Rackling	Rakling	Obernzell	PA		11
Rainding	Raining	Haarbach	PA		40
Ranzing	Ranzing	Tiefenbach	PA		21
Ratzing	Razing	Waldkirchen	FRG	IV	17
Rettenbach	rotnpach	Witzmannsberg	PA		37
Rickering	Ruekering bey Winzer	Winzer	DEG		20
Riggerding	Rikhering die Hofmarch	Schöllnach	DEG		19
Röhrnbach	Rornpach	Röhrnbach	FRG		9
Roitham	Rewthaim	Tittling	PA		22
Ruhmannsdoef	Ruemanstorf	Germansdorf	PA		33
Rumpenstadl	Rumpenstadl	Röhrnbach	FRG		6
Saderreut	Sadreytt	Büchelberg	PA		36
Saldenburg	Saldnburk unter dem perg	Saldenburg	FRG		22
Sanzing	Sanzing	Neukirchen v. W.	PA		40
Saulorn	Saulorn	Hohenau	FRG		3
Schaibing	Schaybing	Untergriesbach	PA	III	11
Schlinding	Slintorn	Thurmansbang	FRG		38
Schlößbach	Slespach	Waldkirchen	FRG		16
Schwaiberg	Swamperg	Tiefenbach	PA		39
Schwarzhöring	Schwarzhering	Windorf	PA	VI	21
Schwolgau	Swalkenau	Büchelberg	PA	II	36
Senging	Senging	Saldenburg	FRG		18
Simmetsreut	Symonsreytt	Schöllnach	DEG	V	19
Sittenberg	Sykhnperg	Ruderting	PA	VI	39
Sondorf	Sundorff	Hunding	DEG		19
Spitzendorf	Spitzendorf	Witzmannsberg	PA		37
Stadl	Stadl	Waldkirchen	FRG	III	14
Steinerleinbach	Staynenlaypach	Röhrnbach	FRG		13
Stierberg	Styrberk	Waldkirchen	FRG		16
Thurmansbang	Turmanspenkh	Thurmansbang	FRG		19
Tierham	Turhaim der Wald	Sonnen	PA	II	12
Trasham	Drashaim	Ruderting	PA		39

Traxenberg	Tragssenperg	Thurmansbang	FRG		37
Tresdorf	Drestorff	Tittling	PA		40
Unterhaselbach	Nidrn Haselpach	Haselbach	PA		21
Waltersdorf	Walttarstorff	Zenting	FRG		19
Wamberg	Wamperg	Ringelei	FRG		4
Weferting	Weserding	Aicha v. W.	PA	IV	21
Weferting	Weserding	Aicha v. W.	PA	IV	40
Weikersdorf	Weikhersdorf	Ruderting	PA		39
Werenain	Twerhenain	Waldkirchen	FRG	II	15
Wittersitt	Witragshutt	Ringelei	FRG	IX	9
Witzmannsberg	Witzmannsberg	Witzmannsberg	PA		38
Wotzmannsdorf	Wazmanstorff	Hutthurm	PA	III	13
Wotzmannsreut	Wanzmansreytt	Waldkirchen	FRG	III	14
Wullersdorf	Wullenstorf	Ruderting	PA	VI	39
Zwischenberg	Czwisthenperg	Ruderting	PA	IV	21

Einige Ortsnamen sind inzwischen abgegangen; aber noch identifizierbar:

Anzenhof	Anzn	Saldenburg	FRG	18
Dankesreuth	Dankleinsreytt	Saldenburg	FRG	18
Heimprechtsreuth	Hayprechtsreytt	Thurmansbang	FRG	20
Sumpering	Sumppring	Saldenburg	FRG	18

Nachfolgend aufgeführte Ortsnamen konnten von mir bislang noch nicht identifiziert werden,bzw passen nicht in die Ämter unter welchen sie aufgelistet sind:

Zu Eck auf der jlzlaitten (Grueb Seite 13	Das mögliche Fürsteneck scheidet hier aus, da es im Stiftsbuch bei Grub pey furstenegk) bereits mit heutigem Namen genannt wird. Höchstwahrscheinlich ist hier Kalteneck, Gde. Hutthurm, Lkr. PA gemeint.
Gukhenberg Seite 10	In Meidhof: „Passauer Urbare" Band III – 1939 – ist ein „Guggenberg", Gde. Jahrdorf aufgeführt. – Möglicherweise das heutige Guppenberg bei Hauzenberg.
Die ode bey hetzmannstorff Seite 12	Es gibt zwar ein vom Wortstamm her mögliches Hetzelsdorf. Dieses Hetzelsdorf liegt aber in der Gde. Prackenbach bei Kötzting und scheidet hier wohl aus.
Hinterpergk Seite 10	Bei Meidhof: „Passauer Urbare" Band III – 1939 – ist Hinterperg als „nicht deutbare Örtlichkeit bei Freyung" aufgeführt.
Pufling Seite 12	
Puhlperg Seite 36	Bei Meidhof: „Passauer Urbare" Band III – 1939 – erscheint ein „Puhl" = Bauerngut bei Jahrdorf. Dieses Puhl wäre von der Lage her denkbar.
Rakhersberg Seite 36	Rakhersberg muß ein größerer Ort gewesen sein, da hier 16 Güter aufgeführt sind Bei Dr. Erhard: „Geschichte und Topographie der Umgebung von Passau" in VHN Nr. 37 aus dem Jahre 1901 – Seite 314 – erscheint ein „Raehersberg", welches Dr. Erhard – allerdings ohne Quellenangabe – als Rehberg, Gde. Grainet, bezeichnet. Rakhersberg und Raehersberg könnten als identisch angesehen werden. Rehberg würde auch von der Lage her – Hanslin Nieder Amt„ – gut passen.
Simring Seite 4	Es gibt zwar ein Simmering Gde. Zenting, Lkr. FRG. Dieses Simmering liegt aber am westlichen Rande in des „ Wolflin Amt" und ist hier im Stiftsbuch bei des „ Hanslin Ober Amt " aufgeführt. Möglicherweise ein Fehler des Cuizl ?
Stauffenperg Seite 10	Bei Dr. Josef Heider in „ Regesten des Passauer Abteilandes " – München 1934- als „ verschollene Öden " bezeichnet. Der mögliche Staffelberg ist ein Berg östlich von Hauzenberg.

Zur Identifizierung herangezogene Literatur:

I = Dr. Max Grünzinger: „Pfarrei und Markt Perlesreuth" – 1950 –
II = Dr. Josef Heider: „Regesten des Passauer Abteilandes" – München 1934 –
III = Meidhof: „Passauer Urbare" Band III – 1939 –
IV = Historischer Atlas v. Bayern – Band 35 – Passau –
V = Dr. Hermann Lickleder: -„ Das Prämonstratenserstift Osterhofen im Spätmittelalter" – Deggendorfer Geschichtsblätter 9/1988 –
VI = Historischer Atlas v. Bayern – Band 29 – Vilshofen
VII = Topographisch statistisches Handbuch des Königreichs Bayern – München 1867 –
VIII = Historischer Atlas v. Bayern – Band 45 – Grafenau –
IX = Frdl. Auskunft durch Herrn Paul Praxl, Waldkirchen

Die Zuordnung zu den einzelnen Gemeinden erfolgte analog „Amtliches Ortsverzeichnis für Bayern" – Gebietsstand 25.05.1987 – Heft 450

II

Auswertung des Saldenburger Stiftsbuches aus dem Jahre 1472

Vorwort

Mit den folgenden Ausführungen möchte der Verfaser versuchen, den Leser in die Zeit um das Jahr 1472 zurückzuversetzen. Ebenfalls soll hier versucht werden, die für die heutige Zeit nur schwer nachvollziebaren Lebensumstände im auslaufenden Mittelalter etwas zu relativieren. Absichtlich wurde auf Fußnoten und Literaturhinweise im laufenden Text verzichtet, um den Leser nicht unnötig abzulenken. Die Wissenschaftler mögen dies verzeihen! Dem örtlichen Heimatforscher wird jedoch versichert, daß jede Aussage in den folgenden Kapiteln durch die am Ende aufgelistete Literatur belegt ist. Seitenangaben beziehen sich ausschließlich auf den Originaltext des Saldenburger Stiftsbuches aus dem Jahre 1472 (siehe Abschnitt I), welcher der Kern dieser Veröffentlichung sein soll. Die in den folgenden Kapiteln immer wieder versuchte Umrechnung der damaligen Währung – Pfund, ß und & – in DM (Stand 1993), ist nur als äußerst grob gefaßter Rahmen zu betrachten. Das jeweilige Ergebnis zeigt uns jedoch eine exakte Relation aller Einzelbeträge zueinander. Um überhaupt zu einer halbwegs aussagekräftigen Umrechnung zu gelangen, müssen wir erst einmal die im Stiftsbuch aufgeführten Einzelpreisangaben näher durchleuchten.

Einzelne Detailpreise, wie 1 Kitz = 32 &
1 Lamm = 32 &
1 Hase = 17 &
1 Käse = 1 bis 3 &

können nicht verwendet werden, da diese Waren heute nach Gewicht und nicht mehr nach Stückzahl gehandelt werden. Auch der einzige Gewichtspreis im gesamten Stiftsbuch, nämlich der für Roggen: „1 sexling korn um 7 ß“ (Seite 24), hilft hier nicht weiter. Eine extensive Landwirtschaft, wie um 1472, gibt es heute nicht mehr und darüberhinaus stellen die heutigen Getreidepreise, durch Subventionen usw. verwässert, keine brauchbare Vergleichsgröße mehr dar. Der einzig brauchbare Preisvergleich liegt paradoxerweise bei der kleinsten Einheit, nämlich dem Ei. Der Eierpreis bleibt bei allen Angaben im Stiftsbuch konstant bei: „5 Eier = 1 &“. Bei einem heutigen Durchschnittspreis von 0,25 DM je Ei, errechnet sich hieraus: 1 & aus dem Jahre 1472 = 1,25 DM für das Jahr 1993

Die Problematik der Hochrechnung über den Eierpreis – von Kleinbeträgen bis hin zu einem Jahreseinkommen von rund 86.000 DM (siehe Kapitel Soziales Gefälle) – wird der Relation wegen akzeptiert.

Die „Herrschaft Saldenburg" zur Zeit des Stiftsbuches Zeitliche Einreihung und Vorgeschichte

Wie schon in der Einleitung erwähnt, hatte die Herrschaft Saldenburg im Jahre 1472 eine räumliche Ausdehnung, wie sie wohl kein anderes Adelsgeschlecht des Bayer. Waldes je hatte. Da seit der Gründung der Saldenburg – im Jahre 1368 – ja lediglich 100 Jahre vergangen waren, mußten mächtige und reiche Adelsgeschlechter die Herrschaft unentwegt erweitert haben. Deshalb soll hier auch etwas ausführlicher in die Vorgeschichte eingegangen werden.

Am 24.06.1368 erhielt Ritter Heinrich Tuschl zu Saeldenau – ein sehr reicher Mann, u.a. als „eques auratus" bezeichnet – von Graf Leopold von Hals (bei Passau) das „Gut zu dem Stadl" zu rechtem Lehen mit der Auflage auf dem dabei gelegenen Berg eine Festung zu bauen.

Sicher hat damals bereits der sehr reiche Tuschl eine gewisse Anzahl an Höfen und Untertanen aus dem Vilshofener Land mit eingebracht.

Tuschls Erbe, sein Sohn Schweiker, veräußerte die Festung Saldenburg (Datum nicht genau bekannt – aber schon vor dem Jahre 1388) an die Bayer. Herzöge Stefan, Johann und Friedrich.

1388 verpfändeten die Herzöge die Herrschaft Saldenburg und „alles, was seit dem Tode Heinrich Tuschls dazugekauft wurde" an die Ritter Wilhelm und Christian die Fraunberger auf 2 Jahre für eine Schuld von 10.700 fl (Gulden). Auch hier wieder ein Hinweis auf die Expansion der Herrschaft.

Ein Jahr später traten die Fraunberger diese Pfändung an Ulrich Eckher zu Eckh ab. Über diesen Ulrich Eckher zu Eckh lesen wir: „Er glänzte durch hervorragenden Reichtum".

Am 12.10.1389 verkauften die Herzöge Stefan, Johann und Friedrich dann dem Eckher die Festen Säldenau und Rainding, sowie die bereits durch Pfändung von ihm verwaltete Saldenburg mit allen „Zugehörungen, Gerichtsbarkeit, Lehenschaften und Rechten". Der Kaufpreis betrug 30.200 fl und dazu die ursprüngliche Schuld von 10.700 fl. Mitverkauft wurde auch die „vom Hochstift Passau den Herzögen versetzte Freyung, gelegen nächst Saeldenburg". – Hier erstmals ein Hinweis auf Gütermehrung der Herrschaft Saldenburg aus dem Gebiet des Hochstifts Passau. – Die hier genannte „Freyung" konnte bislang noch nicht lokalisiert werden). Dieser Kaufvertrag war mit einem Rückkaufrecht von 4 Jahren abgeschlossen. Die 4 Jahre verstrichen von Seiten der Herzöge ungenutzt. Saldenburg war nun rechtmäßiger Besitz der Eckher zu Eckh.

Chronologisch gesehen wäre nun eine Urkunde vom 10.02.1394 einzuordnen, nach welcher Landgraf Johann I. von Leuchtenberg und Graf zu Hals , durch Tausch die Lehenschaft an der Festung Saldenburg an den Herzog Stefan von Bayern – Ingolstadt verlor. (Landgraf Johann I. von Leuchtenberg war Nachfolger von Graf Leopold von Hals – den Lehensstifter an Ritter Heinrich Tuschl im Jahre 1368) – Wie und wann nach dem 12.10.1389 die Herrschaft Saldenburg von Ulrich Eckher an Landgraf Johann I. von Leuchtenberg kam, und wie und wann sie dann vor dem Tode des Ulrich Eckher wieder an ihn zurückfiel, ist derzeit nicht belegt und wäre noch zu klären.
Jedenfalls kam Saldenburg etwa um 1410 nach Ulrich Eckhers Tod an dessen Erben Peter Eckher, genannt Chusney zu Steffling. Über diesen Peter Eckher lesen wir: „Zugenannt der Reiche". Auch ihm dürfte es keine Schwierigkeiten bereitet haben, seine Herrschaft ebenfalls zu vergrößern.
Nach dem Tode von Peter Eckher gab es erstmals schwierige und komplizierte Erbstreitigkeiten um die Herrschaft Saldenburg.
Dieser Peter Eckher war zweimal verheiratet.

Aus erster Ehe ging eine Tochter Ursula hervor.
Diese Tochter Ursula vermählte sich mit Graf Heinrich von Ortenburg, über welchen später noch zu lesen sein wird.
Aus zweiter Ehe – mit Anna von Puchberg – gingen drei weitere Töchter hervor:

1. Caecilia – später verheiratet mit Hans Zenger von Schwarzeneck
2. Ursula – später verheiratet mit Walter Freyberg
3. Name nicht bekannt – später verheiratet mit Erasmus Sattelbogen

Als Peter Eckher überzeugt war, daß er keine männlichen Erben haben wird, schloß er mit dem damals ebenfalls mächtigen Hans Gewolf von Degenberg einen Erbvertrag (1428): Wer ohne männlichen Erben sterben sollte, erbt des anderen Güter und versorgt Witwe und Töchter wie die eigenen.
Die so vorprogrammierten und langwierigen Erbstreitigkeiten konnten vorerst nur durch Rechtsspruch des Herzogs Johann von Straubing-Holland beigelegt werden. Dieser Spruch lautete:

Graf Heinrich von Ortenburg (siehe oben – Gemahl der Tochter Ursula aus erster Ehe.-) erhält 1/4 des Nachlasses
3/4 des Nachlasses gehen an die Witwe Anna von Puchberg mit ihren minderjährigen Töchtern.

Und nun wird es kompliziert: Die minderjährigen Töchter von Witwe Anna bekommen als Vormunde:

Heinrich Nothaft von Wernberg und Hans von Degenberg (Vertragspartner des Peter Eckher). Diese beiden Vormunde, Heinrich Nothaft und Hans von Degenberg, waren sich wohl auch nicht gerade gut gesinnt. Sicherheitshalber schlossen sie gleich einen Vertrag: „Burgfrieden miteinander“ aber nur „soweit die Schranken von ihren Schlössern reichten“.

Peter Eckhers Witwe Anna war nicht gerade erbaut, daß 1/4 des Erbes an die Tochter ihrer Vorgängerin ging. Sie heiratete nun einen der Vormunde ihrer Töchter, nämlich Heinrich Nothaft. Nun vertreibt sie kurzerhand den vom Grafen von Ortenburg für dessen 1/4 Erbanteil aufgestellten „Pfleger samt seinen Reisigen“ mit Gewalt aus Saldenburg und übergibt dessen 1/4 Anteil an Walter Freyberg, dem Gatten ihrer zweiten Tochter Ursula.

Am 15.08.1442 muß der Herzog wiederum eingreifen. Herzog Heinrich von Bayern stellt den Grafen Heinrich von Ortenburg wieder in Mitbesitz der Saldenburg. „Was jedoch der Graf selbst, sein Castellan und sein Diener im Schlosse Saldenburg eingebüßt hatten, sollte verlorenes Gut sein“.

Nun wird es aber dem Walter von Freyberg auf Saldenburg ungemütlich und er trat seinen Anteil an Saldenburg für 4.100 fl ebenfalls an den Grafen von Ortenburg ab.(1445/46)

Auch Hans Zenger (Ehemann der Tochter Caecilia aus zweiter Ehe des Eckher) trat nun seinen Anteil an Saldenburg ebenfalls an den immer stärker gewordenen Grafen von Ortenburg um 3.850 fl ab.

Der nunmehrige Alleinbesitzer der Saldenburg, Graf von Ortenburg vermählte sich nach dem Tode seiner Frau Ursula (aus erster Ehe des Eckher) mit einer Elisabeth von Törring. Für den Fall seines vorzeitigen Todes vermachte Graf von Ortenburg die gesamte Herrschaft und die Festung Saldenburg seiner nunmehrigen Frau Elisabeth von Törring als Witwensitz.

Nach dem baldigen Tode des Grafen von Ortenburg war Elisabeth von Törring nun Alleinbesitzerin der Saldenburg. Des Alleinseins müde, heiratete sie den zweiten Vormund der ehemals unmündigen Töchter von Anna, der Witwe des Peter Eckher, nämlich Hans Gewolf von Degenberg. So kam Saldenburg nun in den Besitz eines weiteren mächtigen und angesehenen Adelsgeschlechtes des Bayer. Waldes – „Die Degenberger“ –

Um Hans Gewolf v. Degenberg scharten sich nun eine ganze Anzahl angesehener Ritter und Adelige des Bayer. Waldes und des näheren Umlandes, um sich von der Steuerlast und von der Abängigkeit des Herzogs zu befreien. Sie gründeten gegen den Herzog einen Trutzbund - genannt „Die Böckler“-.

Es kam zu einer regelrechten kriegerischen Auseinandersetzung mit dem Herzog, dem sogenannten „Böcklerkrieg".
Am St.Bartholomäus Tag (25.08.) des Jahres 1468 nahm der Herzog mit einer großen Heerschar – u.a. erstmals auch mit Kanonen – die Saldenburg ein. Er zerstörte die gewaltige und weiträumige Burganlage bis auf den heute noch stehenden Wohnturm. Der Anführer der Böckler und bisherige Besitzer der Saldenburg, Hans Gewolf von Degenberg floh nach Böhmen. Die anderen Burgen des Degenberg, wie Weißenstein, Altnußberg, Haidstein, Kollnburg, Falkenfels, Degenberg, und Teile des Marktes Zwiesel wurden ebenfalls zerstört und dem Degenberg genommen.
Nun war Herzog Albrecht IV. Inhaber der Festung und Herrschaft Saldenburg. Wie wir aus dem Stiftsbuch herauslesen können, war Saldenburg damals auf dem Höhepunkt seines Einflußbereiches und hatte eine räumliche Ausdehnung, die es später nie mehr erreichte.
Erst 1479, also 11 Jahre später, löste Graf Ulrich II. von Ortenburg das von Bayern genommene Saldenburg wieder ein.
Diese 11 Jahre bilden bis jetzt eine Lücke in der Geschichte der Saldenburg. Ob der Herzog nun die Herrschaft Saldenburg zwischenzeitlich weiterverliehen hat, oder ob und wie er durch Pfleger usw. die Verwaltung auf eigene Rechnung betrieb, ist bislang unbekannt.

Wer war Cuizl, der Verfasser des Saldenburger Stiftsbuches?

In der bislang ausgewerteten Literatur über die Herrschaft Saldenburg ist die Person des Cuizl nirgends erwähnt. Aus einigen persönlichen Bemerkungen und aus dem Gesamtwerk des Saldenburger Stiftsbuches kann jedoch der Versuch gewagt werden, die Person des Cuizl etwas näher zu beschreiben.

Mit Sicherheit war Cuizl ein für die damalige Zeit äußerst gewandter und des Schreibens und des Rechnens kundiger Mann.

Daß er nicht auf der Saldenburg, sondern im nahen „leuzmanstorf" (Loizersdorf bei Fürsteneck) wohnte, besagt, daß er, wenigstens zur Zeit der Einnahme der Saldenburg durch Herzog Ludwig, wohl noch nicht zum engeren Kreis der damaligen Verwaltungseinheit der Herrschaft Saldenburg gehörte.

Sein „Einstieg" in Saldenburg erfolgte durch Heirat. Cuizl heiratete „Elspeten" (Elisabeth), die Schwester des „Hans zw Tragenreyt". Gleich zu Beginn seines Testamentes nennt Cuizl den Tragenreyt seinen Schwager. Die Tragenreuther waren ein weniger bekanntes Adelsgeschlecht und Inhaber des Sitzes Neuhofen und der Hofmark Neuhofen – Gde. Otterskirchen –. Mitglieder der Fam. Tragenreuth erscheinen mehrmals als Pfleger auf der Saldenburg. In den „Passauer Regesten" ist sowohl am 12.01.1457 wie am 27.09.1462 ein Hans Tragenreuther als Pfleger von Saldenburg erwähnt und später dann wieder am 7.06.1486.

Der 1457 und 1462 erwähnte Hans Tragenreuther dürfte mit dem im Testament des Cuizl im Jahre 1468 genannten Tragenreuther identisch sein. Elspet, die Ehefrau des Cuizl und Schwester des Hans Tragenreuth, war zum Zeitpunkt des Todes ihres Vaters wohl noch minderjährig, da ihr Bruder Hans ihr väterliches Erbe – 16 Pfund Pfennige, Passauer Währung – für sie verwahrte und es dann ihrem Ehemann, dem Cuizl, übergab.

Daß Cuizl jedoch in irgend einer Weise – sei es als Schreiber, Verwalter, oder sonstwie – damals für Saldenburg tätig war, kann aus dem Datum des Testamentes, am „montag nach gally anno etc 68" (16.10.1468) geschlossen werden. Warum sollte Cuizl ausgerechnet im Oktober 1468 dieses Testament schreiben? Der echte Grund liegt nahe: Kurz zuvor hatte ja der Herzog die Burg mit sämtlichen Besitzungen dem Degenberg abgenommen (St.Bartholomäustag 1468 = 25.08.1468). Alles lag im Umbruch. Cuizl, der mit Ehefrau, 2 Söhnen (paid diner zu Saldenburgk) und Schwager für den Degenberg gearbeitet hatte, fürchtete um seine gesamte Habe und wollte retten, was noch zu retten war. Gar nichts mit seiner Tätigkeit auf der Burg zu tun hatten eben diese 16 Pfund Pfennige seiner Ehefrau; diese 16 Pfund waren noch am ehesten zu retten. In welch unsicherer, erregter und innerlich gebeutelter Verfassung Cuizl bei der Fertigung dieses Schriftstückes war, erkennen wir u.a. aus der total verworrenen und umständlichen Formulierung des Textes. Auch seine Handschrift ist weit flüchtiger und schlechter als die in seinem 4 Jahre später verfaßten Stiftsbuch. Die alte Weisheit, „tres digiti scribunt, totumque corpus laborat“ (Drei Finger schreiben, aber der ganze Körper arbeitet), trifft voll den damaligen seelischen Zustand des Cuizl.

Die Fähigkeiten des Cuizl wurden durch den neuen Besitzer der Herrschaft Saldenburg – ob Herzog, von Schwarzenstein, oder sonstwer, sei dahingestellt – erkannt und weiterhin genutzt. Mit Sicherheit festigte Cuizl in den folgenden 4 Jahren seine Position so, daß er sogar bis zum Pfleger aufstieg (Stiftsbuch Seite 28 – purkhut! –). Das Stiftsbuch war, wie schon an anderer Stelle erwähnt, wohl die Unterlage und die exakte Auflistung aller zur Herrschaft Saldenburg gehörenden Güter sowie der Ein- bzw. Ausgaben anläßlich der offiziellen Übergabe an den Herzog im Jahre 1472.

Diese Auflistung wurde von Cuizl äußerst penibel durchgeführt. Mit Sicherheit ist das uns überlieferte Stiftsbuch die Reinschrift, wofür der sehr akurate Cuizl vorher ein Konzept gefertigt haben muß. Daß der Text genau auf die 42 Doppelseiten aufging – das Papier war ja vorher geheftet – kann kein Zufall sein. Beim nachträglichen Hinzufügen von Papierbögen wären zwangsweise Leerseiten entstanden und bei einer nachträglichen Herausnahme zuviel gehefteter Bögen wären Textseiten verloren gegangen.

Bei seinen Aufzeichnungen konzentriert sich Cuizl rein auf den Inhalt. Den Zwang einer Rechtschreibung gab es damals noch nicht. Trotzdem ist es verwunderlich wie großzügig Cuizl einzelne Begriffe und Wörter immer wieder verschieden schrieb. Auf Seite 13 bei „Huntzwinkl“ schafft es Cuizl sogar die Ziffer zwei in einem Satz gleich 3 mal verschieden zu schreiben; nämlich:„zwai – zwo – zwen“.Ähnliche Beispiele lassen sich beliebig oft aus dem Originaltext herauslesen.

Im Rechnen war Cuizl wohl etwas oberflächlich. Bei der Aufsummierung der einzelnen Abgaben unterlaufen ihm immer wieder Rechenfehler, vor allem bei der seitenweisen Zusammenstellung.

Ob Cuizl bei der Rückgabe der Herrschaft Saldenburg an die Ortenburger im Jahre 1479 noch als Pfleger tätig war und wie sein weiteres Leben verlief wird uns wohl immer verborgen bleiben. Im Jahre 1486 war auf alle Fälle wieder ein Tragenreuther für den Degenberg Pfleger zu Saldenburg.

Grundherren – Abhängige

Ein geordnetes Staatsmonopol zur Eintreibung von Steuern und Abgaben war im Mittelalter noch nicht entwickelt.
Wenn in unserem Stiftsbuch jedoch auf rund 40 Seiten eine Abgabe nach der anderen aufgelistet ist, welche der einzelne Bauer dem Grundherren (Eigentümer von Grund und Boden) – hier bei uns der „Herrschaft Saldenburg“ – abliefern mußte, so muß diese Abhängigkeit, diese Kluft zwischen arm und reich, ja irgendwann einmal entstanden sein.
Um diese Klassenbildung – hier Grundherr, dort Abhängiger - nachvollziehen zu können, müssen wir uns vom Erscheinungsjahr des Stiftsbuches 1472 ausgehend, zwangsläufig einige Jahrhunderte zurückversetzen. Einige ganz typische Beispiele seien hier kurz erläutert.
Beispiel I:
Die Abhängigkeit vieler damaligen Lehensbauern ging schon bis in die Zeit der Entstehung des Ritterstandes zurück. Die ersten Ritter der Geschichte kamen ja nicht schon als solche zur Welt. Im frühen Mittelalter – schon vor der Jahrtausendwende – waren immer wieder Einfälle wilder Reiterhorden, wie Ungarn, Awaren, Arabern usw., zu verzeichnen. Diesen Reiterhorden war mit herkömmlichen Kriegern nicht beizukommen. Es mußte also vom König oder Kaiser ebenfalls ein schlagkräftiges Reiterheer geschaffen werden. Um aber stets schlagkräftig zu bleiben, brauchte dieses Reiterheer ständige Waffenübungen – auch in Friedenszeiten. Die notwendige Zeit für Waffenübungen und Turniere konnten diese Reiter aber nur aufbringen, wenn sie finanziell und zeitlich unabhängig waren. Sie konnten ja ihre Felder nicht selbst bestellen. Der Auftraggeber – König oder Kaiser – vergütete die Leistung dieser Reiter (später „Ritter“ genannt) mit dem, was für ihn am billigsten war, nämlich mit Grund und Boden als Lehen. Nun hatte dieser einzelne Ritter bald soviel Grund und Boden, daß er diesen wieder an andere Bauern weiterverleihen konnte und dafür Zins und Naturalabgaben forderte. Der Lebensunterhalt des Ritters und seiner Familie war nun abgesichert. Auch mußten diese „Lehensnehmer“ noch an bestimmten Tagen bzw. Wochen im Jahr kostenlos die sich noch in Selbstbewirtschaftung des Ritters befindlichen Ländereien bearbeiten, damit auch dieses Land nicht brach liegen blieb. Geschäftstüchtige Ritter verstanden es nun, ihren Einflußbereich und ihre Lehenschaften ständig zu vergrößern und zu erweitern. Die Kluft zwischen Ritter und Lehensnehmer wurde immer tiefer.

Beispiel II:
Ein weiterer Grund für die Abhängigkeit ist in der Wehrpflicht, d.h. dem Kriegsdiest zu suchen. Freie Bauern waren zum Kriegsdienst verpflichtet. Im Falle eines solchen – damals nicht seltenen – Kriegsdienstes konnten die Felder dieser freien Bauern selbstverständlich nicht ordnungsgemäß bewirtschaftet werden und verwahrlosten. Der Bauer konnte keine Einkünfte für seine Familie erwirtschaften. Als Ausweg aus dieser mißlichen Lage suchte der freie Bauer dann sich einem mächtigen Adeligen, einem Bischof (hier bei uns z.B. dem Hochstift Passau), oder einem Kloster (hier bei uns z.B. dem Kloster Osterhofen) zu unterstellen. Der Adelige (Bischof oder Kloster) übernahm dann den Grundbesitz des freien Bauern als Eigentum und übergab ihm dieses sogleich wieder als Lehen zurück. Der Bauer war jetzt vom Kriegsdienst befreit und konnte seinen ehemaligen Grundbesitz wieder frei bewirtschaften. Der Grund und Boden gehörte ihm aber nicht mehr und er mußte sogar noch Zins und Abgaben dafür erbringen. Der Adelige bot ihm im Gegenzug Schutz vor feindlichen Angriffen.
Beispiel III:
Wurde im frühen Mittelalter ein Bistum eingerichtet, so brauchte dieses einen finanziellen Hinterhalt, sprich größeren Grundbesitz. Dieser Grundbesitz war meistens ein Geschenk des Kaisers (Königs). Da diese Schenkungen ja zwangsläufig aus bislang noch nicht mit Eigentum belegten Grund und Boden stammten, also aus dem Königsgut bzw. Königsforst (wobei Königsforst nicht unbedingt als Wald zu betrachten ist), lagen diese Güter meist weit vom eigentlichen Bistumssitz entfernt. Das Bistum vergab nun diese Ländereien gleich wieder an ortsansässige Bauern als Lehen. Die Einnahmen hieraus flossen an das Besitzbistum. Im Einflußbereich der Herrschaft Saldenburg um 1472 waren gleich zwei solcher Schenkungen Ursache für abhängiges Bauerntum. Güter aus ganzen 78 Ortschaften – zwischen Schöllnach und der Ilz - kamen (vermutlich) unter Kaiser Heinrich II (1002 – 1024) als Schenkung an das Bistum Bamberg. In Anlehnung an Bamberg wurden diese Flächen die „Babenberger Güter“ genannt. Im ersten Herzogsurbar aus dem Jahre 1280 (der Niederbayrische Teil wurde sogar schon 1268 verfaßt) sind diese „Babenberger Güter“ bereits namentlich genannt. Im Bereich der heutigen Gemeinde Saldenburg waren dies Haufang, Hals, Hundsruck, Goben und Lanzenreuth.
Beispiel IV:
Die zweite auf Kirchenschenkung zurückzuführende Abhängigkeitsursache im Einflußbereich der „Herrschaft Saldenburg“ begann bereits im Jahre 1193. Damals überließ Kaiser Heinrich VI dem

Bischof Wolfger von Passau die Marienabtei zu Passau, welche damals dem Kaiser zur Nutzung unterworfen war. Somit wurde dem Bischof die Vogtei (siehe „Vogthafer“ im Stiftsbuch) und der Königsdienst (siehe „Königssteuer“ im Stiftsbuch) übereignet.
Beispiel V:
Im frühen Mittelalter, etwa ab 1050, zogen viele Bauern vom Land in die damals schon zahlreich vorhandenen Städte. Diese Bewegung kam einer regelrechten „Völkerwanderung“ gleich. Damals entstand der Begriff „Stadtluft macht frei“! Alle erhofften sich ein freieres und besseres Leben. Die Bürger erhofften in der Stadt der Abhängigkeit und der Bedeutungslosigkeit auf dem Lande zu entfliehen. Dann aber, als im 12. Jh. fünf Hungersnöte aufeinander folgten, war die Verzweiflung perfekt. Es herrschten Mord und Totschlag um die wenigen vorhandenen Nahrungsmittel. Die Ärmsten zogen – Bettlerbanden gleich – in Scharen von der Stadt auf das Land um dem Hungertode zu entfliehen. Auf dem Lande jedoch war Handel und Vorratswirtschaft kaum bekannt. Diesen Stadtflüchtenden ging es hier noch schlechter und sie waren auf Raub und Diebstahl angewiesen. Für einen kleinen freien Bauern war diese Situation nicht allein zu bewältigen. Um überhaupt überleben zu können, stellten sich viele freie Bauern nun unter den Schutz eines mächtigen Herren. Somit waren diese einst freien Bauern nun Zeit ihres Lebens ihrem neuen „Herrn“ hörig. Der „Herr“ war fortan Beschützer und für die üblichen Angelegenheiten zuständig, der Grundbesitz des Bauern ging in das Eigentum dieses Herrn über.
Beispiel VI:
Starb die Linie eines unfreien Bauern aus und das Lehen war „verwaist“, konnte ein anderer Bauer – ob frei, oder unfrei – dieses Lehen dazupachten. Diese Tatsache erklärt auch, daß im Saldenburger Stiftsbuch mehrere Bauern aus verschiedenen Gütern, bzw. Lehen, Abgaben leisten mußten. Auf diese Weise konnte es auch ein fleißiger und kluger Abhängiger zu einem bescheidenen Lebensstandard bringen.
Diese hier angeführten 6 Beispiele ließen sich beliebig erweitern. Einmal unabhängig geworden, gab es für den Bauern nun kaum mehr eine Möglichkeit seine Felder je wieder als freier Mann bewirtschaften zu können. Der Bauer blieb zeitlebens unfrei und seine Nachkommen ebenfalls.
In den folgenden Jahrhunderten wurden diese so entstandenen Lehen immer fester in das Eigentum dieser Grundherren eingebunden. Ja, diese Lehen wurden regelrechte Handelsgüter. Naturalabgaben wurden nach und nach in feste Geldbeträge umgewandelt. Die einzelnen Lehen wurden untereinander vertauscht und verkauft wie

eine Ware. Lehen aus Kirchenbesitz wanderten an weltliche Herren und umgekehrt ebenfalls. Jeder „Herr“ versuchte möglichst viele Güter um seinen Besitz herum anzusammeln, um so einen möglichst geschlossenen „Herrschaftsbereich“ zu schaffen. Der eigentliche Ursprung der einzelnen Lehen war bald nicht mehr nachvollziehbar. Als Musterbeispiel einer solchen Gütermehrung durch geschicktes Taktieren und Handeln ist zweifelsfrei die „Herrschaft Saldenburg“ anzusehen.

Der Alltag um das Jahr 1472

Nun sollten wir aber glauben, daß ein Leben in totaler Abhängigkeit vom Grundherrn für den einzelnen Bauern unerträglich gewesen sein müßte. Aus vielen zeitgenössischen Aufzeichnungen wissen wir jedoch, daß größerer Unmut und „Aufsässigkeit" damals noch recht selten waren. Ein jeder nahm sein Los als selbstverständlich und unabwendbar hin. Ja, es entstand sogar ein gewisses Zusammengehörigkeitsgefühl wie in einer Großfamilie. Der Grundherr war „Familienoberhaupt" und sorgte für Sicherheit und Geborgenheit in der „Familie".

Kleinere Vergehen wurden durch die „Herrschaft" in eigener Zuständigkeit abgeurteilt; Verbrechen wurden durch den Herzog geahndet. Die Grundholden (Abhängige) fühlten sich beschützt und versorgt. Alles was nach Verwaltung, Gesetz und Formalitäten roch, besorgte der Grundherr. Lesen und Schreiben konnte sowieso kaum jemand. Wozu auch? Alles hatte seine Ordnung und die Nichtigkeit und niedere Stellung in der Gesellschaft war selbstverständlich und gottgewollt.

Zu dieser unterwürfigen Einstellung trug vor allem auch die Kirche bei. Die damalige Kirche, in ihrer „unchristlichsten Zeit" seit ihrem Bestehen überhaupt, konnte keine mündigen Bürger brauchen. Um von den eigenen Mißständen, wie dem ausschweifenden Lebenswandel ihrer Würdenträger (bis hinauf zu den Päpsten), der Anhäufung von Macht und Geld, der eigenen Willkür usw. abzulenken, predigte die Kirche unentwegt von der Gebrechlichkeit des Menschen. In Sünde empfangen, sei der Mensch minderwertig. Lebensfreude sei sündig und alles Irdische sei böse. Die Erde sei ein einziges Jammertal. Der Wunsch nach einem eventuellen besseren Leben des kleinen Mannes wird schon im Keime erstickt.

Weltliche Dinge waren – so die Prediger – wenn überhaupt, dann nur für das eigene Seelenheil noch tauglich; d.h. als Geschenk an die Kirche. Nur die Kirche allein konnte Hoffnung verheißen. Der Reichtum der Kirche stieg somit immer mehr und der einzelne Bürger wurde immer unbedeutender. Kurzum, die breite Bevölkerungsschicht hatte sich mit allem abgefunden und lebte in völliger Demut gegenüber ihrer Herrschaft und der Kirche.

Zur Ehrenrettung der „Kirche" muß hier aber auch angeführt werden, daß es gerade die Kirche war, die dem Bürger damals fast überall eine zentrale Stätte, einen geistigen und örtlichen Mittelpunkt bescherte - das Gotteshaus. Nirgendwann wurden (im Verhältnis zur Bevölkerungsdichte) mehr Gotteshäuser gebaut, als gerade im Mittelalter.

Daß zur Zeit unseres Stiftsbuches jedoch schon größere Widerstände gegen die Auswüchse in der Kirche entflammt waren, sei nur der Vollständigkeit halber hier noch erwähnt. Diese Widerstände gingen aber nicht vom einfachen Volke aus, sondern von Gelehrten der Kirche selbst.
Hier bei uns wäre wohl der österreichische Augustinermönch Waldhauser und vor allem der böhmische Reformator Jan Hus zu nennen. Die Verurteilung zum Ketzer und die Verbrennung des Jan Hus auf dem Scheiterhaufen, anläßlich des Konzils zu Konstanz im Jahre 1415, löste ja bekanntlich im Nachbarland Böhmen eine große Kirchenspaltung und eine Revolution gegen Kirche und Kaiser aus (die Kirche unterstützte damals den Kaiser und der Kaiser die Kirche). Nach ihrem Vorbild „Jan Hus“ nannten sich die Anhänger dieser religiösen Bewegung „Hussiten“.
Die Auswirkungen dieser in den „Hussitenkriegen“ endenden Bewegung bekamen unsere Bürger und Bauern hautnah und empfindlich zu spüren. Durch die ständigen Einfälle der Hussitenkrieger in unser Gebiet wurden immer wieder Felder vernichtet. Die Versorgung der eigenen Truppen ging ebenso zu Lasten unserer Bauern, wie die Versorgung der Angreifer.
Ohne Übertreibung kann festgestellt werden ,daß wohl zu keiner Zeit der Geschichte hier bei uns im Bayrisch-Böhmischen Raum mehr Blut geflossen ist, als zur Zeit dieser Hussitenkriege. Auch in unserem Stiftsbuch wird gleich zweimal von Einfällen der „Böhmen“ berichtet (Seite 26).
Wenn auch die Verhältnisse um 1472 hier in Saldenburg noch als geordnet zu betrachten waren, so hatte aber auch die Ritterschaft um diese Zeit ihre eigenen Probleme. Wie wir aus unserem Stiftsbuch deutlich ersehen, war das Einkommen der Ritter und Grundherren fast ausschließlich von der Landwirtschaft abhängig.
Als dann im auslaufendem Mittelalter die Getreidepreise immer weiter sanken, konnten sich kleinere Ritter nicht mehr halten. Viele Bauern zog es in die Stadt und die leeren Höfe konnten oftmals nicht mehr weiterverliehen werden. Durch die revolutionären Feuerwaffen waren auch die Burgen nicht mehr sicher und die Ritter konnten ihren Lehensnehmern keinen Schutz mehr bieten.
Der Ritterstand verlor immer mehr an Bedeutung, und so manch stolzer Rittersmann konnte sich fortan nur mehr als „Raubritter“ über Wasser halten. Nicht wenige der einst so einflußreichen und wohlhabenden Ritter endeten wegen ihrer Raubzüge durch das Schwert des Scharfrichters.

Zeitgenössischer Holzschnitt aus dem Jahre 1488.
Deutlicher kann die Unterwürfigkeit der niederen Volksschichten im Mittelalter nicht erklärt werden. Gott selbst verteilt die Funktionen im gemeinsamen Zusammenleben: Der Geistlichkeit (links im Bild) überträgt er das Gebet: — tu supplex ora = Du bete! Dem weltlichen Adel (rechts) überträgt er die Schutzfunktion: — tu protege = Du beschütze! Dem Volk aber (unten) überträgt er die Hauptlast: — tu labora = Du arbeite!

Der Bauer „Liedl“ aus Hundsruck

Versuchen wir nun einmal den Alltag eines einzelnen Bauern mit seiner Familie aus der Zeit um 1472 zu rekonstruieren. Um im Gemeindebereich von Saldenburg zu bleiben, greifen wir uns wahlweise den Bauern „Liedl“ aus Hundsruck heraus.

Liedl war sicher ein kluger und fleißiger Bauer. Schließlich bewirtschaftete er ganze drei Güter und zahlte hiervon treu seine Abgaben (Seite 18 ...von dreyen gutern). Um diese drei Güter zu bewirtschaften, brauchte er neben seinen Familienmitgliedern noch fremdes Personal, sprich Knechte, Mägde und auch Taglöhner. Diesen fremden Arbeitskräften brauchte Liedl keinen großen Lohn zu zahlen. Zu seinen Lasten gingen hier vor allem Essen, Trinken und einmal im Jahr etwas zum Anziehen.

Bei soviel Personal und der eigenen Familie dazu brauchte Liedl viel Platz. In seinem Hof standen höchstwahrscheinlich zwei Hauptgebäude, welche von mehreren kleineren Nebengebäuden zu einem großen, nach allen Seiten abgeschlossenen, Viereck-Hof ergänzt wurden.

Die Hauptgebäude (Ständerbauten) bestanden aus mehreren Baumstämmen als tragende Elemente. Als Wände dienten mit Lehm verstrichene Flechtwerke. Das Dach war mit Schindeln oder Stroh gedeckt, der Fußboden bestand aus gestampftem Lehm.

Die Fenster waren sehr klein. Scheibenglas war sehr teuer. Glasfenster gab es, wenn überhaupt, vermutlich nur auf der Burg; und dort wiederum höchstwahrscheinlich nur in der Frauenkemenate. In der wuchtigen Saldenburg „zog“ es sicher noch mehr als bei Liedl zuhause. Dort waren die kleinen Fensterlöcher mit getrockneten Schweineblasen oder Flechtwerk ausgefüllt. Im Winter wurden die Fenster noch mit Holzläden abgedichtet. In die Ritzen stopfte Liedl Gras und Moos. Außer einer offenen Feuerstelle, dem Herd, gab es keine Heizmöglichkeit. Der Rauchabzug erfolgte durch ein Loch im Dach – im Sommer auch durch die Fenster.

Um im Winter, bei zugestopften Fensterlöchern in den rauchverhangenen Räumen überhaupt noch etwas zu sehen, benutzte Liedl Talglichter und Kienspäne. Die Disziplin im Umgang mit dem offenen Feuer und Licht war äußerst groß. Obwohl die gesamte Bausubstanz aus leicht entflammbarem Material bestand, gab es nur relativ selten Brände. Bei rund 300 abgabepflichtigen Bauern im Saldenburger Stiftsbuch wird nur einmal ein Brand erwähnt (S. 24 „der Hanslein ist abprennen“).

Aus Feuerschutzgründen war der Backofen auch außerhalb des

Hofes errichet. Gebäude, welche besonders feuergefährlich waren, wie das „Haarhaus" oder „Brechhaus" (Gebäude in welchen bei größter Hitze der Flachs gedarrt wurde), standen immer außerhalb der Ortschaft und dort wiederum entgegen der Hauptwindrichtung. Für Liedl und die anderen Bürger aus Hundsruck und der näheren Umgebung stand das „Brechhaus" östlich von Hundsruck in Richtung Saldenburg, dort, wo jetzt die Straße nach Thurmansbang abzweigt. Der Flurname „Brechhaushügel" bzw. „Haarhaushügel" hat sich bis heute noch behauptet.
Die medizinische Versorgung war zu jener Zeit total unzulänglich. Das durchschnittliche Lebensalter lag deshalb auch nur bei 35 bis 40 Jahren. Als Medizin dienten allerlei Wurzeln und Kräuter. Die meisten dieser Arzneien stellte Liedl und seine Frau nach alter Überlieferung und Erfahrung selbst zusammen. Wenn es auch im auslaufenden Mittelalter schon studierte Ärzte gab, welche sogar komplizierte Operationen vornahmen, so wollen wir nachträglich unserem Liedl doch nicht wünschen, je in ihre Hände gefallen zu sein. Sicher hätte er dann nicht einmal das ohnehin sehr kurze Durchschnittslebensalter erreicht.
Bei schweren Krankheiten, Viehseuchen und Nöten wurde sich „verlobt", d.h. eine Wallfahrt wurde versprochen und auch durchgeführt. Diese Wallfahrten waren darüberhinaus noch ein wichtiges Kommunikationsmittel. Hier traf Liedl Gleichgesinnte, vor allem auch Bauern aus weiter entfernten Ortschaften. Hier wurden Erfahrungen ausgetauscht und über neuere Produktionsmethoden oder neueres landwirtschaftliches Gerät diskutiert. Die Wallfahrten waren ein wichtiger Draht zur Außenwelt.
Zahnschmerzen kurierte Liedl selbst. In die ausgekratzten Zahnlöcher wurde Talg geschmiert. Half dieses Mittel nicht, so wurde der schmerzende Zahn kurzerhand ausgehebelt.
Liedls Familie darf mit Vater, Mutter und 3 bis 5 Kindern angenommen werden. Bei jeder zweiten bis dritten Geburt starben entweder Mutter oder Kind. Fast ein jeder Mann war deshalb mehr als einmal verheiratet; dies können wir also auch bei unserem Liedl unterstellen.
So übertrieben die Körperhygiene bei der Oberschicht, den Adeligen, damals gehandhabt wurde, so unbefriedigend war diese bei den einfachen Leuten. Es gab kein fließendes Wasser und schon gar kein Bad. Die öffentlichen „Badhäuser" in den Dörfern kamen erst weit später. Liedl dürfte wohl sein ganzes Leben lang kein Bad von innen gesehen haben. Der Körper war ja, laut kirchlicher Auffassung, mit Sünde besudelt, ekelig und beklagenswert. So wird dann auch Liedl seinem Körper und der Körperpflege keinerlei Beachtung geschenkt

haben. Blütenweiße Unterwäsche sowie ein glatt gebügeltes Hemd dürften für Liedl auch noch kein Begriff gewesen sein.
Die Durchschnittsgröße der damaligen Menschen betrug etwa 1,60 m. Für heutige Verhältnisse äußerst klein.
So eintönig wie der Alltag war auch Liedls Kleidung. Als Bauer auf dem Lande durfte er, im Gegensatz zu den Städtern und den „hohen Herren“ nur einen kurzen Leibrock tragen. Liedls Beine steckten in einer Art Hose, welche im Winter noch umwickelt wurde. Auch „Beinlinge“, lange gestrickte Strümpfe, wurden getragen. Rock, Kappe, Hose und Mantel waren einfarbig. Das Material der Kleidung, Leinen und Wolle, wurde selbst erzeugt. Die Herstellung der Kleidung war Aufgabe von Liedls Frau. Bei einem Schneider konnte nur die Oberschicht arbeiten lassen. Die Kleidung von Liedls Frau unterschied sich kaum von seiner eigenen. Bunte Kleidung , sowie Schmuck, war den „Bauersleuten“ verboten. Samt, Seide, Pelze und gestickte Kleidung war den Städtern und den reichen Bürgern vorbehalten.
Zur Eintönigkeit der Kleidung paßte auch Liedls Haarschnitt. Hier forderte wieder die Kirche ihren Tribut. Die Haare mußten so kurz geschnitten sein, daß Augen und Ohrzipfel sichtbar waren. Bärte waren verboten. Diese Forderung ging auf die Zeit der Kreuzzüge (1098 - 1275) zurück. Die christlichen Kreuzfahrer hatten erstmals Kontakt mit „heidnischen Moslems“. Für die Kreuzfahrer ein schrecklicher Anblick. Alle Moslems trugen, in Anlehnung an ihren Religionsgründer, dem Propheten Mohammed, finstere Bärte. „Beim Barte des Propheten“! Fortan galten alle Bärte als unchristlich.
Auch der tägliche Speisezettel war eintönig. Die Liedls lebten genügsam – ja fast karg. Ihre Hauptnahrung war, neben dem täglichen Fladenbrot, nur Rüben, Kohl, Kraut, sowie Hirse-und Buchweizenbrei. Suppe, Fleisch und Fisch gab es nur an Feiertagen; dann aber oft reichlich. Jeder Tag war „Eintopftag“. Einen Herd in unserem heutigen Sinn mit großer Kochplatte, kannte Liedl noch nicht. Über der offenen Feuerstelle hing ein Kessel, in welchem gekocht wurde. Um Brennstoff zu sparen, wird Liedls Frau des öfteren auch nur einen kalten Brei angerührt haben. Der Anteil an Getreideprodukten in Liedls Küche betrug 60 %. Die restlichen 40 % setzten sich aus Eiern, Milchprodukten, Fleisch (hauptsächlich Geflügel), Gartenerzeugnissen und Getränke (Bier) zusammen.
Der aufmerksame Leser wird hier die Kartoffel vermissen. Die Kartoffel war 1472 in Deutschland noch unbekannt. Erst durch Verordnung des „Alten Fritz“ (König Friedrich II) wurde die Kartoffel Mitte des 18. Jh. bei uns üblich. Auch wenn bereits im 17. Jh. vereinzelt Kartoffeln angebaut wurden (zum Leidwesen der Kirche, denn

für Kartoffeln brauchte kein Zehent gezahlt werden), kam der Durchbruch als Hauptnahrungsmittel erst im 18. Jh.
Gegessen wurde mit Messer und Löffel – vor allem aber mit den Fingern. Die Gabel als Eßbesteck war noch unbekannt. Der Löffel, meist aus Holz, hatte einen dicken Knauf und wurde mit der ganzen Faust gehalten. Gesüßt wurde mit Honig. Zucker war unserem Liedl noch unbekannt und der Honig war immer zu wenig. Es war eine saure Zeit.
Die Zubereitung der Speisen für die gesamte Familie, samt Gesinde, war Aufgabe von Liedls Frau. Der Anbau von Gemüse und Kräutern für die Küche fiel ebenso in ihr Aufgabenbereich, wie die Haltung von Hühnern und anderem Kleinvieh. Auch der Einsatz sowie die Überwachung und Betreuung der Mägde war Aufgabe der Frau. Kühlschrank, Konservierungsmittel (außer Salz) oder Einkochgläser gab es 1472 auch noch nicht. Was es aber – vor allem in den Wintermonaten - reichlich gab, war Hunger.
Eine weitere Errungenschaft für die spätere „moderne" Küche war zur Zeit unseres Stiftsbuches noch völlig unbekannt – das Feuerzeug. Wollte Liedls Frau kochen, so mußte erst umständlich Feuer erzeugt werden. Stahl, Feuerstein und pulverisierter Zunderschwamm – botelus ignarius – auf gut altbayrisch „Hudern-Sau"), waren die Hilfsmittel. Auch ein glimmendes Holzscheit, am Vorabend dick mit Holzasche überdeckt, konnte am nächsten Tag mit Hilfe von Zunder und durch Blasen leicht wieder zur Flamme entfacht werden. Unser altgewohntes Sicherheitsstreichholz gibt es erst seit 1903. Die erste „Zündmaschine" überhaupt wurde erst 1823 erfunden.
Gegessen wurde damals schon an einem großen Tisch; als Stühle dienten dreibeinige Hocker und alles, was zum Sitzen geeignet war. Getrunken wurde jeweils von mehreren Personen aus einem Becher und – wenn überhaupt vorhanden – teilten diese sich auch das Besteck. An Feiertagen wurde teilweise sehr üppig gegessen und getrunken. Ausschweifende Dorffeste waren nicht selten.
Außer Tisch und Hocker gab es bei Liedl keine weiteren Möbel. Lediglich im großen Schlafraum stand für die wenigen Kleider eine hölzerne Truhe; einen Schrank kannte Liedl noch nicht. Geschlafen wurde auf Strohsäcken am Boden – gemeinsam mit dem gesamten Gesinde. Eine primitive Trennwand sicherte die Privatsphäre von Liedl und seiner Frau. Als fortschrittliches Paar schlief Liedl mit seiner Frau schon in einem hölzernen „Kastenbett" mit Strohsack, Leinentuch und großem Kissen. Der hölzerne „Himmel" über dem Bett diente nicht der Romantik, sondern er sollte nur die Schlafenden vor herabfallendem Ungeziefer schützen. Das Bett war so kurz, daß nur halb sitzend geschlafen werden konnte.

Möglicherweise – Liedl war ja ein fortschrittlicher Bauer – gab es auf seinem Hof sogar schon ein Knechtehaus und ein eigenes Mägdehaus. Diese Häuser waren dann aber äußerst primitiv aus Holz gezimmert.
Die Feldarbeit, Einteilung der Knechte und die Viehzucht oblag Liedl selbst. Die Äcker wurden in der sogenannten „Dreifelderwirtschaft" bearbeitet. D.h. jeder Acker wurde ein Jahr mit Wintergetreide (Roggen und Weizen) bestellt und das nächste Jahr mit Sommergetreide (Hafer, Gerste, Bohnen, Erbsen und Linsen). Das dritte Jahr blieb der Acker brach liegen, diente dem Vieh als Weide, konnte sich wieder regenerieren und wurde zusätzlich vom Vieh gedüngt. Künstliche Düngemittel waren unbekannt.
Diese „Dreifelderwirtschaft" verlangte von den Bauern einer Ortschaft eine gewisse eigenverantwortliche Organisation. Es gab ja noch keine Flurbereinigung, welche zu jedem Feld eine Zufahrt garantierte. Also mußte eine Art Gemeindeobmann oder Gemeinderat jährlich festlegen, wie zusammenhängende Flächen zu bewirtschaften waren. Jeder einzelne Bauer mußte ja zur Bestellung und zur Ernte über die Flächen des anderen fahren. Es wurde also immer gemeinsam bestellt und geerntet um den anderen keinen Schaden zuzufügen.
Angebaut wurde vor allem Roggen, dann – je nach Bodenbeschaffenheit - noch Gerste, Hafer, Weizen, Buchweizen und Dinkel (Kreuzung zw. Zwergweizen und Rispenhirse). Das Verhältnis von Saat zur Ernte betrug zur Zeit des Saldenburger Stiftsbuches etwa 1:4. Zur heutigen Zeit bringt ein Saatkorn gut den drei- bis vierfachen Ertrag, nämlich etwa 1:15. Auch waren die Getreidekörner damals nur knapp 4 bis 6 mm groß - heute dagegen 8 mm und mehr. Ein kleines Feld bestellte Liedl jährlich mit Flachs. Der Flachs lieferte das Rohmaterial für die Herstellung von Kleidern und Tüchern.
Zur Feldbestellung verwendete Liedl schon einen Räderpflug, welcher ein gleichmäßiges Eindringen in den Ackerboden gewährleistete. Der Pflug besaß schon ein Eisenmesser, welches einer hölzernen Pflugschar aufgesetzt war. Als Zugtiere dienten Pferde und Ochsen. Zur Zeit Liedls waren Ochsen und Kühe so klein wie niemals vorher und auch bis heute nicht wieder.
Diese in der Literatur beschriebene kleine Rinderrasse für das 14. und 15. Jh. ist durch reichhaltige Knochenfunde bei Ausgrabungen auf dem Gelände der 1468 durch Herzog Ludwig v. Landshut zerstörten alten Burganlage der Saldenburg ebenfalls belegt. Das „Institut für Paläoanatomie, Domestikationsforschung und Geschichte der Tiermedizin der Universität München" errechnete aus den exakt vermessenen Knochenfunden eine durchschnittliche Widerristhöhe

von 112,6 cm für die Stiere und eine Widerristhöhe von 107,9 cm für die Kühe. Auch Liedls Pferde waren kleiner und zierlicher als heute. Schwere Pferde wurden lediglich von den Rittern als „Streitrösser" gehalten. Schließlich mußten diese Pferde ja den Ritter samt seiner Rüstung tragen. Solch eine Eisenrüstung allein wog schon gute 60 Pfund – dazu kamen dann noch Lanze, Schwert und Schild.
Dem Boden fehlten jegliche Nährstoffe; dementsprechend war auch der Graswuchs auf den Wiesen gering. Das Futter für das Vieh war ebenso karg und knapp bemessen, wie die Ernährung der bäuerlichen Großfamilie. Für Kühe und Pferde war die Zeit zwischen „Heu und Gras" am schmerzhaftesten. Das Heu war längst verfüttert bis das erste Gras im Frühjahr wieder zu wachsen begann.
Die weiteren Tiere auf dem Hof, wie Schafe, Ziegen und Schweine mußte Liedl ebenso schlecht und recht über den Winter bringen. Wenn auf einem steinigen Feldabschnitt oder auf einem nicht bewirtschaftbarem Grundstück Bäume standen, dann waren dies mit Sicherheit Eichen und Buchen. Die Mast dieser Bäume war die Hauptnahrung der Schweine. Kartoffeln gab es,wie schon vorher erwähnt, damals ja noch nicht. Für seine Schweine hatte Liedl einen „Schweinehirten", der die Tiere ganzjährig im Gelände zur Nahrungsaufnahme hütete.
Neben den Eichen und Buchen gab es auf Liedls Felder auch immer wieder Obstbäume für die eigene Küche. Allerdings würden wir heute die Früchte dieser Bäume schlichtweg als Wildobst bezeichnen. Unsere derzeitigen Speiseäpfel sind erst das Produkt späterer Züchtungen. Enten und Gänse wurden von Liedls jüngster Tochter gehütet. Die Söhne mußten auf dem Hof und auf den Feldern mitarbeiten.
Der Hund, welcher auf Liedls Hof ebenfalls nicht fehlte war „geprügelt". Nicht etwa, daß der Hünd ständig verprügelt wurde; nein, dem Hund wurde lediglich ein größerer Holzprügel um den Hals gebunden. Dieser Holzprügel baumelte so ständig zwischen den Hundebeinen herum. Auf diese Weise konnte der Hund sich nur relativ langsam fortbewegen und konnte somit auch nicht wildern. Diese grausame Methode wurde vom Grundherren, welcher auch das Jagdrecht besaß, verlangt. Wer seinen Hund „ungeprügelt" herumlaufen ließ, wurde empfindlich bestraft. Das Getreide wurde zu Liedls Zeit bei der Ernte mit einer Art Sichel auf halber Höhe geschnitten, damit noch ein beträchtlicher Teil des Strohes auf dem Acker verblieb und als Dünger mit untergepflügt werden konnte.
Gedroschen wurde mit hölzernen Dreschflegeln. Das ausgedroschene Getreide wurde von Liedls Knechten mit hölzernen Kornschaufeln in die Luft geworfen und mit Besen wurde gleichzeitig die

Luft aufgewirbelt, um die leichtere Streu davonzublasen. Anschließend wurden die Getreidekörner in Sieben von Unkrautsamen gereinigt.
In der ruhigen Zeit, im Winter, reparierte Liedl zusammen mit seinen Knechten das landwirtschaftliche Gerät und besserte Mängel an Haus und Nebengebäuden aus. Jetzt war auch einmal Zeit für ein gemeinsames Würfelspiel und einen Becher selbstgebrauten Bieres. Jetzt hätte Liedl auch Zeit gehabt, sich über das neueste aus Politik, Wirtschaft und Gesellschaft zu informieren. Jetzt hätte er Zeit gehabt Zeitungen und Bücher zu lesen; ja, wenn...! Wenn es das damals schon alles gegeben hätte und wenn Liedl dann auch tatsächlich hätte lesen können. Und trotzdem war Liedl mit den wichtigsten Ereignissen und Erneuerungen für Landwirtschaft und Alltag vertraut.
Jeder fahrender Kaufmann und Reisender, welcher die nahe Saldenburg aufsuchte, wurde beherbergt und ausgefragt. Auch wandernde Sänger und Geschichtenerzähler waren gerne gesehen. Diese berichteten gegen einen kleinen Obolus bereitwillig über alles was sie auf ihren Reisen gesehen und gehört hatten. Gesetze und Verordnungen wurden durch hoheitliche Herolde auf Pflicht-Dorfversammlungen verlesen und hatten somit allgemein Gültigkeit.
Auch der im Brechhaus getrocknete Flachs wurde jetzt in der ruhigen Zeit auf dem hölzernen „Brechel“ bearbeitet um die einzelnen Fasern von den Stielen zu lösen. Das so gewonnene Rohmaterial wurde jetzt von Liedls Frau und den Mägden „gehächelt“ (gesäubert und entwirrt) und anschließend zu Garn versponnen. An den kurzen Wintertagen wurde dann auch die im Herbst geschorene Schafwolle gesponnen und aus der fertigen Wolle diverse Kleidungsstücke gestrickt.
Arbeit gab es auf Liedls Hof das ganze Jahr. Und das ganze Jahr über gab es auch Ärger. Ärgerlich waren für Liedl vor allem die ständigen Dienstleistungen und Abgaben an den Grundherren auf der Saldenburg.
Schon als Liedls Vater starb, forderte der Grundherr zwei saftige Abgaben. Zum ersten für den „Todfall“ des Vaters; dies waren etwa 5 % des Gutswertes. Für Liedl damals etwa 7 ß. Zum gleichen Tag fällig wurde als zweite Abgabe das „Nemgeld“; dies waren nocheinmal 5 % des Gutswertes, also nocheinmal 7 ß, für Liedls Einstieg als Erbe. An diesen 10 % hatte Liedl jahrelang zu beißen.
Hätte Liedl sein Gut nicht als Erbe, sondern durch Einheirat übernommen, so wäre eine Abgabe als „Zustand“ in gleicher Höhe zu zahlen gewesen. Gleichzeitig hätte Liedl aber seinem vorherigen Grundherren für die Wegheirat, der „Abfahrt“, ebenfalls den glei-

chen Betrag zahlen müssen. 10 % des Gutswertes (nicht zu verwechseln mit dem jährlichen Ernteertrag) waren bei Übernahme eines Gutes also immer fällig.
Dann kamen die jährlichen Abgaben. Leider wirft Cuizl ausgerechnet bei der Einnahmeauflistung in des „Wolfleins ambtt" die Detailangaben für die Stift (Pachtgelder und Naturalabgaben) nur in einer Summe aus (Seite 18). Und zwar für Liedl von „dreyen gutern" 19 ß 3 & (umgerechnet: 2 Pfund, 3 ß, 3 &), also für jedes Gut 6 ß und 11 &. Suchen wir uns nun zum Vergleich eine etwa gleich große Abgabe aus einem der beiden anderen detailliert aufgelisteten Ämtern, so sehen wir wie sich diese Summe zusammensetzt.
Nehmen wir zu Vergleich den Jorg Oller aus Nendelnach mit 18 ß, 14 & Abgaben (Seite 3). Von dieser Summe sind 2 Pfund (16 ß) nicht näher benannt; dan aber kommen 20 & für 4 Hühner, 12 & für 60 Eier, 32 & für zwie Bündel Flachs und 10 & Pacht. Zu dieser Vergleichsabgabe kommen dann bei Liedl noch dazu: 12 „mas" Dienst-Hafer (Seite 37) - umgerechnet in Geld = 10 ß, 12 &; weiter 2 „mas" Vogt-Hafer (Seite 37) - umgerechnet in Geld = 1 ß, 22 &. Das Dienst-Korn hat Cuizl leider wieder nur in einer Summe angegeben (Seite 24); rechnerisch treffen hiervon auf Liedl noch einmal 7 ß.
Cuizl listet zwar für des „Wolfleins ambtt" (Hundsruck gehört zu diesem Amt) den Zehent nicht separat auf, sondern bezeichnet nur die „Stadeln", in welchen der Zehent gelagert ist. Jedoch aus der Tatsache, daß kein Stadl in der Nähe von Hundsruck genannt ist, können wir schließen, daß Liedl von der Abgabe des Zehent befreit war.
Zählen wir nun die einzelnen jährlichen Abgaben des Liedl zusammen, so ergibt sich die für die damalige Zeit beträchtliche Summe von 4 Pfund, 6 ß und 7 &.
Aus der schon vorher erwähnten Tatsache, daß für Todfall und Nemgeld im Durchschnitt je 7ß abzuliefern waren und diese 7 ß wiederum als 5 % des Hofwertes anzusehen sind, so errechnet sich ein damaliger Durchschnittshofwert von 140 ß (17 Pfund und 4 ß). Wenn Liedl nun, wie vorher errechnet, jährlich 4 Pfund, 6 ß und 7 & feste Abgaben an den Grundherren zu entrichten hatte, dann waren dies jählich ganze 27 % des Hofwertes. Ein stattlicher Brocken!
Unabhängig von diesen festen Abgaben ärgerte Liedl vor allem auch die unentgeltlichen Arbeitseinsätze auf den eigenbewirtschafteten Flächen der Burg. Vermutlich mußte Liedl gerade dann immer dort zur Heu-oder Getreideernte antreten, wenn das Heu oder das Getreide auch auf seinem Gut zu ernten waren.
Da, wie ebenfalls schon vorher erwähnt, das Futter für das Vieh im Winter äußerst knapp war, konnte Liedl nur das unbedingt nötige Zuchtvieh für das kommende Jahr überwintern. Der Rest wurde im

Herbst geschlachtet und durch Salz und Räuchern schlecht und recht konserviert. Frischfleisch gab es in den Wintermonaten nicht. Vor dem gleichen Problem standen auch die Grundherren auf der Saldenburg. Für die Herren bot jedoch die Jagd hier den gewünschten Ausgleich. So waren die Herren stets bemüht einen entsprechend hohen Wildbestand zu halten. Dies wiederum war für Liedl ein weiteres Ärgernis. Das Wild ernährte sich ja hauptsächlich auf seinen Feldern und richtete auch damals schon große Schäden an. Wildschadensersatz, wie zur heutigen Zeit, war für Liedl ebenfalls ein Fremdwort. Zu all diesem Ärger kam für Liedl dann noch der kostenlose Einsatz als Jagdgehilfe und Treiber bei den herrschaftlichen Jagden. Die Jagd war ausschließlich den Grundherren vorbehalten.

In einem Punkt hatte es Liedl aber besser als wir heute – es gab weit mehr Feiertage. Im Urbar-und Kopialbuch des Klosters Osterhofen aus dem Jahre 1440 sind diese Feiertage genau aufgelistet. Da der Einzugsbereich des Klosters Osterhofen damals mit dem Einzugsbereich der Herrschaft Saldenburg eng verflochten war (Zenting z.B. war ein Außenamt von Osterhofen), dürfen wir für Liedl aus Hundsruck wohl die gleiche Anzahl von Feiertagen annehmen – es waren nicht weniger als 50. Rechnen wir noch die 51 Sonntage des Jahres ab, so wurde 1472 nur an 264 Tagen gearbeitet. Freie Samstage sind ja erst eine Errungenschaft allerneuester Zeit und für Landwirte auch heute noch ohne Bedeutung.

Diese vielen Feiertage – alle kirchlich begründet – waren in Liedls Alltag, ebenso wie die einzelnen Heiligengedenktage, auch konkrete Datumsangaben. Zur Zeit unseres Stiftsbuches verwendete man als Datum nicht unsere heutigen Ziffern, wie 5.1.1472 oder 18.8.1472. Selbst in amtlichen Urkunden wurde jedes Datum auf einen Feiertag oder Heiligentag bezogen. Damalige Datumsangaben lauteten etwa „Eritag nach Allerheiligen“ (Dienstag nach Allerheiligen) oder am „St.Bartholomäustag“ (25.8.) oder am „4.Tag nach St. Michelstag“ (3.10.) oder „Pfinstag nach St. Agnesen-Tag“ (Donnerstag nach St.Agnes) usw.

Auch dem wohl größten Zwang unserer heutigen Zeit, nämlich der Uhr, war Liedl noch nicht unterworfen. Liedl konnte z.B. nicht um 10 Uhr und 15 Minuten zu einem bestimmten Termin geladen werden. Liedl stand mit den Hühnern auf und ging zeitlich mit diesen auch wieder zu Bett. Für ihn gab es bestenfalls Zeitbegriffe wie „am frühen Morgen“, oder auch „wenn die Sonne am höchsten steht“. Als Kurzzeitbegriffe galten auch Zeitangaben nach Gebetsdauer, wie etwa „7 Vaterunser lang“. Sicher gab es schon Ende des 13. Jh. die ersten „Räderuhren“ auf wichtigen Kirchtürmen; aber Liedl dürfte

noch keine solche „Zeitmaschine“ gesehen haben. Sonnenuhren gingen ja nur bei Sonne, und Wasser- sowie Sanduhren waren nur für kurze Zeitmessungen geeignet. Die federgetriebene Taschenuhr, das „selbgehend Öhrlein“ wurde erst von dem Nürnberger Peter Henlein gegen 1500 erfunden.
Wenn Liedl am Abend zu Bett ging, hatte er sicher einen harten Arbeitstag hinter sich. Freizeit, Hobby und Urlaub waren für ihn noch keine Begriffe. Sicherlich aber war er mit sich und der für ihn so freudlosen Welt weitgehend zufrieden und überließ sein weiteres Schicksal der Allmacht Gottes.

Bäuerlicher Alltag: Holzschnitt aus dem Jahre 1502.
Bei aller Mühsal und Unterworfenheit, verstanden es die Bauern aber immer wieder ihren Alltag abwechslungsreich und lebenswert zu gestalten. Rechts im Bild sehen wir ein Trinkgelage. Der Wein (oder das Bier) wird in einem mit Wasser gefüllten Zuber frischgehalten. Links kocht die Bäuerin gerade das Festessen; der Knecht versorgt sie dabei mit Brennholz. In Bildmitte sehen wir den Schweinehirten, der mit einer Stange Früchte vom Baum klopft; die Schweine verzehren diese gierig. Die gesamte bäuerliche Siedlung ist zum Schutze vor Hochwild mit einem Zaun umgeben. Rechts oben versucht ein Bauer mit einer Steinschleuder die Hirsche zu vertreiben, links oben wird dies mit einer Stange versucht. Das aufgespannte Netz in Bildmitte ist zum Vogelfang gedacht; die Jagd auf Kleinwild war den Bauern erlaubt. Hochwild, wie die zu Schaden gehenden Hirsche, waren Privileg der Grundherren.

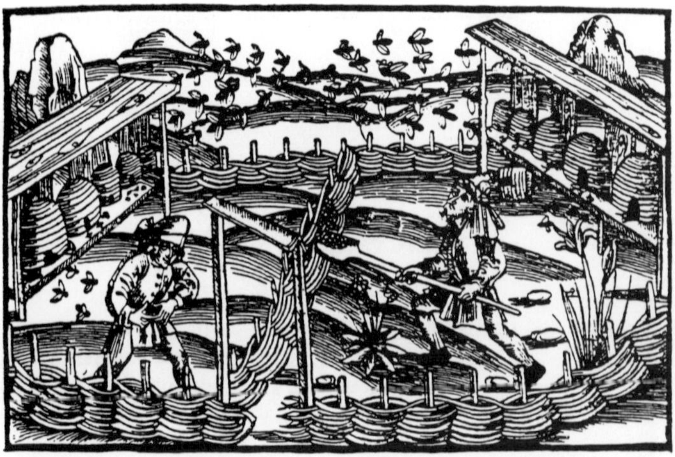

Zwei Holzschnitte aus der Zeit um 1500.
Bild oben: „Bienenzucht“: Honig war das gebräuchliche Mittel zum Süßen der Speisen im bäuerlichen Haushalt. Die Imkerei war im Mittelalter weitgehend ausgereift und überall verbreitet. Bild unten links: Flachs und Schafwolle wurden auf jedem Hof in Eigenregie erzeugt und verarbeitet. Bild unten rechts: Aus der familiären Selbstversorgung entstanden nach und nach kleine Handwerksbetriebe. Hier ein Weber am Trittwebstuhl. Die Berufsbezeichnung „Weber“ war Vorläufer des späteren Familiennamens Weber.

Verwaltungsstruktur der Herrschaft Saldenburg im Jahre 1472

Selbstverständlich konnte sich der jeweilige Inhaber der Herrschaft Saldenburg nicht persönlich um alle Angelegenheiten kümmern. Auch hatte der jeweilige Eigentümer nicht immer seinen Wohnsitz auf der Saldenburg. Eine gut durchorganisierte Verwaltung und die sichere Eintreibung aller Abgaben war somit die Grundvoraussetzung für die Rendite der Herrschaft.

Der Pfleger:

Lassen wir dahingestellt, ob 1472 – wie schon früher erwähnt – Andreas III. von Schwarzenstein Eigentümer der Herrschaft Saldenburg war, oder ob er die Herrschaft nur treuamtlich für Herzog Albrecht IV. verwaltete. Sicher ist jedenfalls, daß unser Cuizl damals – für wen auch immer – als Pfleger tätig war. Als Pfleger war er so ziemlich für alles zuständig. Der Pfleger war die Kontaktperson für alle Lehensnehmer. Er war der Herrschaft gegenüber verantwortlich für die korrekte Abgabeneintreibung. Der Pfleger regelte und ahndete kleinere Verfehlungen. Er wachte über die Bausubstanz des Herrschaftssitzes, der Saldenburg, und war verantwortlich für anfallende Reparaturen und die jeweiligen Bauvorhaben. Ebenso unterstand dem Pfleger das ständige Personal.

Unterteilung in drei Ämter:

Zur besseren Übersicht war das Herrschaftsgebiet in drei eigenständige Ämter untergliedert – das Oberamt, das Mittelamt und das Unteramt - .Diese drei Ämter wurden im bescheidenem Maße von Amtmännern überwacht, welche ihrerseits wieder dem Pfleger unterstanden. Der Aufgabenbereich dieser Amtmänner kann nicht sehr umfangreich gewesen sein, da sie nur ein sehr geringes Gehalt bekamen. Wir können ihre Tätigkeit gemeinhin mit der eines Ortsvorstehers vergleichen. Wann und wie diese drei Ämter entstanden sind, bzw. wer sie eingerichtet hat, ist unbekannt. Jedenfalls bestanden diese drei Ämter mit Sicherheit noch bis zum Jahre 1581. Damals verkauften die Besitzer der Saldenburg Güter aus ca 100 Orten – ausschließlich aus dem Mitteramt und dem Unteramt – an den Bischof Urban von Passau. Im Stiftsbuch von 1472 sind diese drei vorgenannten Ämter nach ihren damaligen Amtsinhabern benannt.

Das Oberamt (ausschließlich Güter ,welche räumlich außerhalb des Hochstiftes Passau lagen)

= Des Wolfleins Amt

Das Mitteramt (hauptsächlich Güter im Bereich der Pfarreien Perlesreuth, Röhrnbach und Tiefenbach)

= Des Hanslein Oberamt

Das Unteramt (hauptsächlich Güter im Bereich der Pfarreien Waldkirchen, Hutthurm, Straßkirchen, Kellberg und Hauzenberg)

= Des Hanslein Niederamt

Der Hanslein hatte also zwei Ämter zu betreuen. Beide Amtmänner waren selbst Lehensnehmer der Herrschaft Saldenburg. Wolflein hatte sein Gut in Senging. Hanslein hatte sein Gut in Alzesberg. Die Ortschaften in den einzelnen Ämtern sind geographisch weitgehend zusammenhängend.Die zwei Ausreißer: Wolfstein zu Wolfleins Amt (gehört räumlich zu Hansleins Oberamt) und Simmering zu Hansleins Oberamt (gehört räumlich zu Wolfleins Amt) sind möglicherweise Falschzuordnungen des Cuizl.

Soziales Gefälle (nach Jahreseinkommen) des im Stiftsbuch erwähnten Personenkreises

Selbstverständliich steht hier die „Herrschaft Saldenburg“ ganz oben an der Spitze. Listen wir alle im Stiftsbuch aufgeführten Einnahmen auf und versuchen wir die Naturalabgaben, wie Zehent, Dienstkorn, Dienstweizen, Diensthafer und Vogthafer in Geld umzurechnen und ziehen wir davon wiederum die getätigten Ausgaben ab, so überrascht der relativ hohe Gesamtgewinn:

Gesamteinnahmen für Stift, in Geld umgerechnete Naturalien, Zustand, usw. (Seite 24) = 349 Pfund, 22 &, 1 Haller. Summe aus Zehent, Dienstgetreide und Vogthafer – nach Abzug des Anstandes an Getreide etc., sowie des Abganges und der Darwidwrgab (Seite 42) = 7 sexling und 2 mas Weizen, 94 sexling und ½ mas Korn,109 sexling und 7 ½ mas Hafer = 211 sexling und 2 mas. Da Cuizl glücklicherweise sogar einmal eine Preisangabe für Getreide macht (Seite 24), nämlich „1 sexling Korn um 7 ß“, können wir nun auch die Getreidemenge in Geld umrechnen. Wenn der Preis für 1 sexling Korn 7 ß beträgt, so liegt er für Weizen sicher höher und für Hafer niedriger. Wir können also grob für Getreide einen Einheitswert von 7 ß je sexling veranschlagen: 211 x 7 ß = 1477 ß und 2 mas x 26 & = 52 & zusammen also: 184 Pfund, 6 ß und 22 &
Somit ergibt sich eine Gesamteinnahme von: 533 Pfund, 6 ß, 44 &, 1 Haller.Von dieser Summe gehen nun die Auslagen des Cuizl ab (Abgang an Pfennig-gült – Seite 26 – Aufgabe – Seite 27 – Verbauen, Burghut und Sold – Seite 28 – 247 Pfund, 51 & und 1 Haller.
Somit verbleiben an reinen Einnahmen: 286 Pfund, 5 ß, 23 &
286 Pfund,5 ß, 23 & ergeben: 68.813 & x 1,25 DM 86.016,25 DM
Als nächster in der Rangliste kommt Cuizl selbst. Für Burghut (Pfleger) verrechnet er auf Seite 28 die beachtliche Summe von 175 Pfund.Aus dieser

Summe mußte Cuizl sicherlich seine Mitarbeiter, Pferdehaltung usw. selbst finanzieren.

175 Pfund ergeben 42.000 & x 1,25 DM 52.500,00 DM

Deutlich abgeschlagen, aber immer noch gut im Rennen, kommen nun die Handwerker (Seite 28). Ob Maurer, Müller, Zimmermann, oder aber auch der, welcher diese Arbeiten verrichten konnte, sie alle bekamen den gleichen Tageslohn von 1 ß, 2 &. Angenommen, der Facharbeiter hatte das ganze Jahr über Arbeit, so ergibt sich bei 264 Arbeitstagen (bei 50 Feiertagen und 51 Sonntagen) ein Jahreslohn von: 264 ß und 528 &.

Das wären dann 8.448 & x 1,25 DM 10.560,00 DM

Weiter abgeschlagen reihen sich die beiden Amtmänner, Wolflein und Hanslein ein. Wolflein und Hanslein waren beide Bauern.Wolflein in Senging – Gemeinde Saldenburg und Hanslein in „Olzensberg“ (Alzesberg), Gemeinde Röhrnbach.Für ihre Tätigkeit als „Ämterverwalter“ wurde ihnen offensichtlich die Pachtgebühr für ihre Höfe erlassen. Die dem Wolflein auf Seite 18 zu Soll gestellte Pachtgebühr von 5 ß und 20 &, werden ihm auf Seite 25 als Abgang wieder zugebucht.Dem Hanslein werden seine auf Seite 9 zu Soll gestellten Pachtgebühren von 10 ß und 3 halbe & auf Seite 24 ebenfalls als Abgang wieder zugebucht.Da diese Zubuchungen exakt in Höhe der jeweiligen Pachtschuld unter „Pfenniggült“, also als Scharwerksleistungen (Summe Seite 26) erscheinen, sind diese Beträge sicherlich eine versteckt eingebaute Gehaltserhöhung. Es ist kaum anzunehmen, daß nur die beiden Amtmänner, auf den halben & genau, Scharwerksleistungen in Höhe der jeweiligen Pachtschuld leisteten. Auf Seite 27 ist zwar für beide Amtmänner eine Scharwerksleistung nachgewiesen („haben ladn pracht“); diese Gegenleistung dürfte aber die Höhe der gutgeschriebenen Pachtschuld bei weitem nicht erreichen.Auch für ihre Hilfeleistungen beim Eintreiben des Zehent und der Stift werden die beiden Amtmänner separat entlohnt:

Wolflein bekommt für Zehent 1 Pfund und für die Stift 60 & (Seite 27).

Hanslein bekommt für Zehent 1 Pfund und für die Stift ½ Pfund (Seite 26).

Wenn der Durchschnittshofwert eines Bauern mit 140 ß (siehe Absatz: Einkommensberechnung für einen Bauern),angenommen wird,dann ergibt sich für Amtmann Wolflein einschließlich der Eintreibegebühren von 1 Pfund und 60 & ein errechnetes Jahreseinkommen von 150 ß.

150 ß = 4.500 & x 1,25 DM — 5.625,00 DM

Amtmann Hanslein bekommt für den angenommenen Hofwert von 140 ß und dem Entgelt für die Eintreibungen von 1 ½ Pfund ein Jahreseinkommen von 152 ß.

152 ß = 4.560 & x 1,25 DM — 5.700,00 DM

Die geringfügige Besserstellung von Amtmann Hanslein ergibt sich daraus, daß dieser ja 2 Ämter zu verwalten hatte. Knapp hinter den Amtmännern wäre dann der Hausgeistliche (Cappelan) auf der Burg einzuordnen: Bei 15 Pfund Jahressold (Seite 27), dazu 2 sexling Korn und 2 mas Weizen (Seite 42) im Werte von 14 ß und 52 & ergibt dies zusammen: 4.072 & x 1,25 DM — 5.090,00 DM

Wieder eine Stufe niedriger reiht sich nun der Durchschnittsbauer ein. Wenn bei Todfall bzw. Nemgeld (üblicherweise je 5 % des Hofwertes) in unserem Stiftsbuch im Schnitt etwa 7 ß angesetzt werden (Seite 23 und 24), dann beträgt rein rechnerisch der Durchschnittshofwert 140 ß. Nach Abzug der Abgaben an den Grundherrn (etwa 27 % des Hofwertes – siehe „Der Bauer Liedl aus Hundsruck“), verbleibt nun – wiederum rein rechnerisch – ein Jahreseinkommen von 102 ß.

102 ß ergeben 3.060 & x 1,25 DM — 3.825 DM

Auch der Bauer dürfte gelegentlich noch Nebeneinkünfte erzielt haben; vor allem durch Verkauf von Eigenprodukten, wie Gemüse, Schafwolle, gestrickte Kleidungsstücke usw. – vor allem aber auch durch gelegentliche Arbeit als Taglöhner. Um aber, besonders bei einer größeren Familie, überhaupt überleben zu können, übten viele Bauern noch einen Nebenberuf aus. Diese Tatsache zeigt uns das Stiftsbuch deutlich durch die Anfügung einer Berufsbezeichnung als Zusatzname: „jorg schuister“ = Schuster, „nikl webar“ = Weber, „peter zymerman“ = Zimmerer, „der pekhar“ = Bäcker, „Sneydar“ = Schneider usw. Weit abgeschlagen kommt nun der Pfaller (Definition siehe Glossar). Welche Tätigkeit der Pfaller (Seite 42) ausübte und ob er weitere Einkünfte bezog, ist aus dem Stiftsbuch nicht ersichtlich. Von der Herrschaft Saldenburg bezog er – für welche Dienste auch immer - lediglich 4 sexling Korn.

4 sexling Korn ergeben 840 & x 1,25 DM 1.050,00 DM

Als alleinstehender Mann konnte er sich hiervon gerade so schlecht und recht am Leben erhalten.- Beim Robolter (Definition siehe Glossar) präzisiert Cuizl die Ausgabe von 3 sexling Korn (Seite 42) als „zum Essen und Brot“.

3 sexling Korn = 630 & x 1,25 DM 787,50 DM

Diese 787,50 DM dürften für die damalige Zeit das unterste Existenzminimum für eine einzelne Person gewesen sein.Der Schreiber, der in den Zehent reitet und sammeln hilft (Seite 41), ist sicher eine von Cuizl selbst angestellte und finanzierte Person, welche aus der Herrschaftskasse nur einen kleinen Unkostenbeitrag, nämlich 4 mas Hafer, erhält. Vermutlich Hafer für sein Pferd.

4 mas Hafer = 104 & x 1,25 DM 130,00 DM

Zum Abschluß dieser sicher mit großem Vorbehalt zu bewertenden Rechenbeispiele wollen wir doch noch einmal die 3.825,00 DM Jahreseinkommen des Bauern relativieren. Hat unser Bauer nämlich eine nur fünfköpfige Familie (für damalige Verhältnisse sicher sehr gering angesetzt) zu ernähren, so liegt er gerade erst bei dem für den Robolter angenommenem Existenzminimum von 780,00 DM je Person. Wenn auch sein Gesinde nur mit Essen und Trinken, sowie 1 x im Jahr mit einem Kleidungsstück entlohnt wurde, so mußte der Bauer sich auf alle Fälle noch anderweitig etwas dazuverdienen. Der Bauer zählte zweifelsfrei zu den schwächsten Gliedern der damaligen Gesellschaft. Hierzu noch einmal ein sehr gewagtes Rechenbeispiel: Wenn eine fünfköpfige Bauersfamilie für die 60 % Nahrungsaufnahme an Brotgetreide im Jahr

949 kg Roggen benötigt (siehe Kapitel „Weitere aufschlußreiche Detailangaben – B: Hofgrößen), so errechnet sich hierfür ein Betrag von: 949 kg : 132 kg (Gewicht für 1 sexling Roggen) x 7 ß (Preis für 1 sexling Roggen) = 50,32 ß

1.510 & x 1,25 DM	=	1.887,50 DM
dazu noch 40 % für den Restnahrungsbedarf	=	1.258,33 DM
Sa: Ausgaben für Nahrungsbedarf	=	3.145,83 DM

Bei dem oben errechneten Jahreseinkommen von 3.825,00 DM und nach Abzug dieser 3.145,83 DM für reinen Nahrungsbedarf, verblieben somit für die gesamte Familie, für den Unterhalt des Hofes, für Anschaffung von neuem Gerät, für das Seelenheil usw. noch ganze 679,17 DM an Sachausgaben.

Das Stiftsbuch bringt neue Erkenntnisse und Daten zur Heimatgeschichte von Saldenburg.

1.) Andreas III. v. Schwarzenstein ist 1468 Inhaber der Saldenburg.
Das Testament des Cuizl ist datiert „am Montag nach gally anno 1468"; das ist Montag, der 16.10.1468. Also nach der Vertreibung des Degenberger und nach der Inbesitznahme der Saldenburg durch den Herzog (St.Bartholomäustag = 25.08.1468).
Cuizl nennt aber als Siegler (Bestätiger) den „Edlen vesten und gestrengen Ritter Herrn anderl Schwarzenstein zu Eglburgk jesert zu Saldenburgk aigen". Das „jesert zu Saldenburgk aigen" deutet darauf hin, daß der Herzog schon zwischen der Eroberung und der Ausfertigung des Testamentes die Herrschaft Saldenburg dem benachbarten Schwarzenstein zu Englburg in irgend einer Weise anvertraut hat. Es handelt sich hier um Andreas III. von Schwarzenstein, dem damaligen Besitzer der Englburg.
Andreas III. von Schwarzenstein bot sich dem Herzog hierfür geradezu an. Schließlich war Schwarzenstein damals auch Hofmeister der Bayer.Herzöge und hielt sich häufig an deren Hofe auf. Andreas III.von Schwarzenstein war u.a. auch Pfleger in Wolfstein (1446 bis 1473). Ebenfalls war er auch Pfleger in Vilshofen.

2.) Der Verfasser des Stiftsbuches „Cuizl Schylher" ist 1472 Pfleger zu Saldenburg.
Wann Andreas III. von Schwarzenstein dann Saldenburg wieder an den Herzog zurückgab, ist nicht ersichtlich. Auf alle Fälle war im Jahre 1472 der Verfasser des Stiftsbuches, nämlich Cuizl Schylher, Pfleger zu Saldenburg. Auf Seite 28 des Stiftsbuches verrechnet Cuizl ja seinem „genadig her gen Saldnburgk" 175 Pfund für „purkhut (Pflege) und sold".

3.) Offizielle Übergabe der Saldenburg an Herzog Albrecht IV erst 1472.
Auch das Jahr der Ausfertigung des Stiftsbuches – 1472 – scheint ein weiteres Geschichtsdatum zu erhärten. Die meisten einschlägigen Autoren, wie Klämpfl, Hiedl, Grueber/Müller, Geyer u.a. nennen für die Einnahme von Saldenburg durch den Herzog als Datum den 4.12.1468. Geyer berichtet, daß der Herzog Albrecht IV. schon am nächsten Tage, als dem 5.12.1468 dem Degenberg die Burg Weißenstein nahm und noch im selben Jahr die Burgen Altnußberg, Haidstein, Kollnburg, Teile des Marktes Zwiesel, Linden, Falkenfels und Neurandberg. Wenn auch – wie wir inzwischen genau wissen – die

Saldenburg in „Amtshilfe“ von Herzog Ludwig von Landshut für seinen Vetter Albrecht IV. genommen wurde, so war das Jahr 1468 zu diesem Zeitpunkt ja schon fast zu Ende und die hier angeführten weiteren Eroberungen schon aus zeitlichen Gründen kaum mehr durchführbar gewesen. Altnußberg und Kollnburg sollen ja sogar erst 1469 zerstört worden sein (Geschichtlicher Hintergrund der Burgfestspiele zu Neunußberg).
Etwas detaillierter und vor allem auch logischer recherchiert der unermüdliche Heimatforscher Dr. Erhard – leider ohne genaue Quellenangabe – Die Einnahme der Saldenburg erfolgte am St.Bartholomäustag 1468 (25.08.). Die eigentliche Übergabe aber erst am St.Barbaratag (04.12.). Dr. Erhard fährt fort: Durch **diese** Übergabe verloren die Degenberger auch das ganze Zwieseler und Frauenauer Gebiet (1472). Somit erfolgte auch die formelle Übergabe der Saldenburg erst im Jahre 1472!
Und genau in diesem Jahre 1472 ist ja das ausführliche Stiftsbuch von Saldenburg verfaßt worden. Solche aufwendigen und exakten Aufzeichnungen wurden nur zu besonders wichtigen Anlässen, wie Verkäufen und sonstigen Übergaben angelegt. Die Jahreszahl 1472 bei Dr.Erhard wird somit durch das Saldenburger Stiftsbuch deutlich erhärtet. Auch der „äußere Anlaß“ zur Verfassung des Stiftsbuches scheint somit plausibel.
Möglicherweise quittierte auch Cuizl mit der Übergabe des Stiftsbuches seinen Dienst als Pfleger der Saldenburg. Die Einbindung sämtlicher Ausgaben für das Jahr 1472 erhärten die Annahme, daß es sich hier neben dem Übergabeprotokoll noch um den Abschlußbericht des Cuizl handelt
Daß sich der Herzog später wieder mit dem Degenberg aussöhnte und ihm seine gewaltsam weggenommenen Güter wieder zurückgab, sei hier nur am Rande erwähnt; Zwiesel z.B. im Jahre 1474. Saldenburg wurde 1479 wieder von den Ortenburgern eingelöst). Am 7.06.1486 aber wird in den Passauer Regesten eindeutig wieder Degenberg und sein Pfleger Sigmund Tregenrewter (Tragenreuter) zu Saldenburg genannt. Offiziell erhält Degenberg jedoch erst 1491 durch Schiedsspruch eine Hälfte der Saldenburg zurück – verliert sie aber endgültig im Jahre 1519.

4.) Auf der Burganlage gab es einen eigenen Kapellenbau.
Bislang unbekannt war auch, daß neben der heutigen Burgkapelle im jetzt noch stehenden Wohnturm, zur damaligen Burganlage auch ein eigener Kapellenbau bestand. Auf Seite 28 des Stiftsbuches verrechnet Cuizl die Löhne für das Eindecken des Kapellendaches: „ den Kar auf der Cappeln gedektt hat zwen tag – facit 64 &“.Die heu-

tige Burgkapelle – von Graf von Preysing, nach einem Blitzschlag, im feinsten Barock erneuert – bestand in ihrer heutigen Form damals mit Sicherheit noch nicht. Die heutige Kapelle erstreckt sich nämlich als einziger Raum der Saldenburg über zwei Stockwerke und die langen Fenster sind eindeutig später herausgebrochen worden. Sie unterscheiden sich schon rein äußerlich von allen anderen Fenstern der Burg. Daß auf der Saldenburg eine Kapelle bestand, ist seit dem Testament des Erbauers, Ritter Heinrich Tuschl, aus dem Jahre 1376 bekannt. Tuschl stiftete damals eine tägliche Hl.Messe, welche von einem „Capplan gein Säldenburck“ für „järleich zehen Pfund Pass. Pfennige geltz“ gelesen werden sollte. Über die Art dieser Kapelle sagte Tuschl nichts aus.

5.) Der Bergfried stand außerhalb der Ringmauern

Auf Seite 42 des Stiftsbuches vermerkt Cuizl die Naturalabgabe von „4 sexling Korn“ an den pfal(ler) auf dem Turm. Pfaler bzw. Pfalburger bezeichnet jemanden, der außerhalb der Burgmauern lebt. Wenn Cuizl nun einen Pfaler „auf dem Turm“ präzisiert, dann ist dies für uns ein sicherer Hinweis darauf, daß außerhalb der eigentlichen von Mauerwerk umgebenen Burganlage noch ein weiterer separater Turmbau bestanden haben muß.

Auf der ältesten Ansicht der Saldenburg, dem Stich von Wening aus dem Jahre 1726, steht sogar der von ihm ausführlich beschriebene Bergfried (Wehrturm) außerhalb der eigentlichen Ummauerung. Von diesem Turm sind heute weder Mauerreste noch Fundament zu erkennen. Cuizl erhärtet nun mit seinem „Pfaller“ die Theorie, daß die bis jetzt als vom Bergfried (im Volksmund „Pfeilturm“) stammenden Fundamente und Mauerreste in Wirklichkeit zu dem auf Wenings Stich noch mit einem Dach versehenen turmartigen Gebäude gehören. Der wegen der Darstellung des Wehrturmes außerhalb der Mauern von vielen als nicht detailgetreu angesehene Stich von Wening wird durch Cuizls Aussage nun eindeutig als originalgetreu bestätigt. Die genaue Lokalisierung des Turmes im Gelände wird eine lohnende Arbeit für die Zukunft sein.

6.) Im Jahre 1472 gab es immer noch Hussiteneinfälle in unser Gebiet.

Zu einem weiteren Thema des auslaufenden Mittelalters, nämlich den Hussitenkriegen (leider für unser Gebiet noch nicht völlig aufgearbeitet), zeigt uns das Saldenburger Stiftsbuch ebenfalls zwei Ereignisse aus dem Jahre 1472.

Zum damaligen Zeitpunkt waren die Hussitenkriege bei weitem noch nicht beendet. Der von Herzog Ludwig im Jahre 1468 aus Sal-

denburg vertriebene Hans von Degenberg war ja mit den Hussiten verbündet und floh damals auch nach Böhmen. Degenberg wurde daraufhin sogar mit dem „Kirchlichen Bann“ belegt. Eine halbwegs tragfähige Einigung zwischen den Hussiten und den Katholiken erfolgte erst 1485 in Kuttenberg.
Doch zurück zu unserem Stiftsbuch: Auf Seite 26 berichtet Cuizl gleich zweimal über das Eindringen der „Böhmen“ anno 1472 in unser Gebiet: „als die pehaim (Böhmen) in das land der obttey (Abtei Passau) komen“ und „danach als mein genadi her den Nothaft und mich zu den vo passaw und zu den pehaim auf den wollerperk (Wollaberg) geschiktt hatt“.

7.) Der „Anzenhof“ war „das Gut zu dem Stadl“
In der bereits in der Einleitung erwähnten sog. Gründungsurkunde der Saldenburg aus dem Jahre 1368 bestätigt Ritter Heinrich Tuschl mit seiner Familie dem Grafen Leopold von Hals, daß sie „das gut dacz dem Stadl zu einem rechten lehen“ ... mit der Auflage erhalten haben, daß sie „auf dem berg der ob demselben gelegen ist ... ein Vesten darauf pawen sullen dy genant ist Seldenburg“. Alle bisherigen Heimatforscher vertreten die Ansicht, daß es sich bei „dem Gut zu dem Stadl“ um die heutige Ortschaft Stadl (Gde. Saldenburg) handelt. Diese Auslegung (wohl nur um der Namensgleichheit wegen) wurde von mir – bislang jedoch ohne schlüssige Beweisführung - schon immer angezweifelt. Stadl liegt nicht unterhalb der Saldenburg und der Berg, der „ob demselben gut gelegen ist“, kann nicht der Burgberg in Saldenburg sein! Verfolgen wir die Strecke von Stadl (482 m ü.NN), so steigt das Gelände erst kontinuierlich bis zu einer Erhöhung von 600 m in der Waldabteilung Weiherbuchet. Etwas südöstlich liegt – auch von Stadl kontinuierlich ansteigend der Rochberg mit 574 m ü.NN. Nicht aber Saldenburg! Um zur Saldenburg zu gelangen,ist jetzt, von beiden Bergen aus, erst einmal ein weiter Taleinschnitt von nur 450 m bis 470 m ü.NN zu überqueren. Von diesem Taleinschnitt erst steigt das Gelände steil bis zur Saldenburg auf eine Höhe von 571 m ü.NN an. Auffallend ist nun vor allem, daß eben diese Ortschaft Stadl in unserem Stiftsbuch überhaupt nicht erscheint. Warum aber sollte die Herrschaft Saldenburg, bei ihren ständigen Zukäufen, ausgerechnet ihr Stammgut wieder veräußert haben; und das genau vor ihrer Haustüre? Ganz bezeichnend aber ist, daß Cuizl bei dem einzigen Gut unter der Ortschaft Saldenburg fast den gleichen Wortlaut verwendet, wie 100 Jahre vorher schon der Gründer der Saldenburg, Ritter Heinrich Tuschl. Tuschl spricht von dem „Berg, der oberhalb dem Gut gelegen ist“ und Cuizl aus entgegengesetzter Sicht (Seite 22) von dem „Gut, das

unterhalb dem Berg gelegen ist". Daß es sich hier, mit allerhöchster Wahrscheinlichkeit, um den späteren „Anzenhof" gehandelt haben muß, ist im Abschnitt „Weitere aufschlußreiche Detailangaben" unter Abschnitt E noch näher erläutert. Der Anzenhof lag exakt „unter dem Berg Saldenburg". Daß Cuizl auf Seite 18 noch einen weiteren Lehensnehmer aus „Anzn" (Anzenhof) nennt, spricht nicht gegen obige Auslegung. Die Bezeichnung „Gut unter dem Berg" war seit mehr als 100 Jahren geläufig und wurde von Cuizl weiterverwendet, auch wenn inzwischen die lokale Bezeichnung „Anzn" neu entstanden ist, oder aber auch 1368 schon vorhanden war.

8.) Die Herrschaft Saldenburg hatte 1472 ein eigenes Hohlmaß
Im Mittelalter gab es noch keine DIN-Norm. Jede Gegend hatte ihr eigenes Maßsystem. Die Umrechnung zwischen den einzelnen Einzugsgebieten war oft sehr schwierig und setzte genaue Kenntnisse der verschiedenen lokalen Maßeinheiten voraus. Aus dem Stiftsbuch von 1472 läßt sich nun erstmals ein eigenes „Saldenburger Maß" rekonstruieren:

Der Saldenburger „sexling" = 185 Liter = 8 „mas" zu je 23 Liter.

(Genaue Herleitung unter Kapitel: Weitere aufschlußreiche Detailangaben .... Absatz.A: Getreideabgaben)

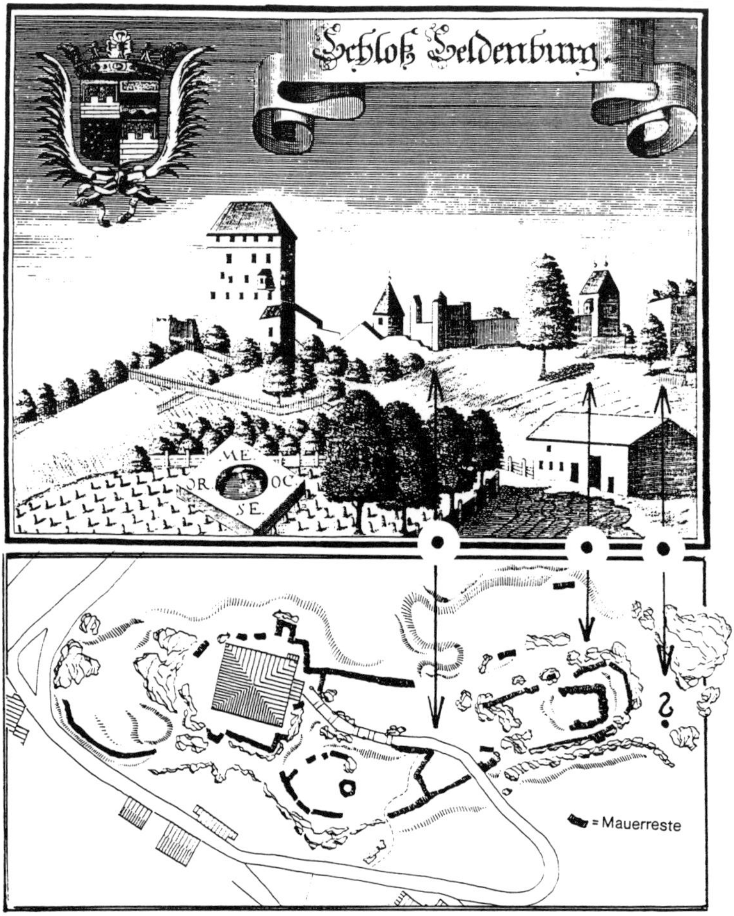
Schloß Seldenburg.
ME
OR.
OC.
SE.
?
= Mauerreste

Weitere aufschlußreiche Detailangaben für die Herrschaft Saldenburg im auslaufenden Mittelalter

A: Getreideabgaben

Die Abgaben an Getreide – hier Dienst-Getreide, da Zehent – wurden laut Stiftsbuch unterschiedlich eingehoben. Das Dienstgetreide (Dienst-Hafer, Dienst-Korn, Dienst-Weizen und Vogt-Hafer) wurde als reine Körnermenge – also fertig ausgedroschen – erhoben. Die Schuldigkeit war, unabhängig von der Feldgröße, als konstante Menge veranschlagt. Ungedroschen konnte ja die Menge nicht exakt festgelegt werden. Als Maßeinheit diente der „sexling" und das „mas". Leider erwähnt Cuizl nicht nach welchem Maßschlüssel in Saldenburg abgerechnet wurde. Jede Gegend hatte ihre eigenen Maße. Zur Verdeutlichung hier nun einige bekannte Beispiele für Roggen aus dem Jahre 1556:

Schönberger Maß	1 Schaff	=	810 kg	=	11,25 hl
Landshuter Maß	1 Schaff	=	432 kg	=	6,00 hl
Straubinger Maß	1 Schaff	=	378 kg	=	5,25 hl
Bärnsteiner Maß	1 Schaff	=	1.102 kg	=	15,30 hl

Ohne große Mühe läßt sich aus den wenigen diesbezüglich heranziehbaren Angaben ein eigenes „Saldenburger Maß" herleiten. Normalerweise gliedert sich das damalige Hohlmaß „Schaff" in Schäffel, Metzen, Vierling und Maß. Das Saldenburger Stiftsbuch nennt jedoch nur „sexling" mit der Untergliederung „mas". 1 sexling ist der sechste Teil eines Passauer Schaffs und wird in Saldenburg nur durch

Bild linke Seite oben: Die älteste bekannte Ansicht der Burganlage – ein Stich von Wening anno 1726. Bild unten: Geländeaufnahme von N. Schrüfer (1992) mit den heute noch sichtbaren Mauerresten der alten Burganlage und dem bestehenden Wohnturm.

Die beiden Bilder sind auf den gleichen Maßstab gebracht und gleich eingenordet. Die von Wening 1726 gezeigten Baulichkeiten sind exakt rekonstruierbar (Verbindung der beiden Ansichten durch Pfeile). Ebenfalls beweist diese Ansicht-Verbindung die Theorie, daß die bislang als Fundamente des Bergfriedes (im Volksmund „Pfeilturm") bezeichneten Mauerreste eindeutig dem turmartigen, mit einem Dach versehenen, Gebäude auf dem Wening-Stich zuzuordnen sind. Der von Wening gezeichnete und beschriebene Wehrturm („Bergfried") stand eindeutig weiter westlich. Vermutlich schützte dieser Bergfried auch den Eingang der alten Grabenanlage als Torturm. Ein einseitig offener und ungeschützter Burggraben wäre ohne große strategische Wirkung gewesen. Der genaue Standort dieses Turmes ist noch zu lokalisieren.

8 „mas“ je sexling unterteilt. Schäffel, Metzen und Vierling werden übersprungen. Wenn wir nun die im Glossar hochgerechneten Werte für das Saldenburger „mas“ zugrundelegen, bekommen wir eine Größenordnung, welche sich ohne allzu große Abweichungen in die vorher angeführte Tabelle einreihen läßt:

	1 Passauer Schaff	=	792 kg	=	11,00 hl)

demnach:

Saldenburger Maß	1 sexling	=	132 kg	=	185 Liter
	1 mas	=	16,5 kg	=	23 Liter

Der Zehent hingegen wurde noch frei Feld – in der aufgestellten Garbe - fällig. Die Eintreiber brauchten nur jede zehnte Garbe aufzulegen und zu den verschiedenen „Kasten“ (Scheunen) zu bringen (Hinweis Seite 41). Dort wurde das Getreide dann auf Kosten der Herrschaft ausgedroschen. Auch hier führt Cuizl genau Buch: Die Drescher bekamen als Lohn (Seite 27) 4 Pfund, 6 ß und 17 &. Wenn wir für die Drescher den gleichen Lohn ansetzen, den auch die Bauarbeiter bekamen (Seite 27), nämlich 1 ß und 2 & als Tageslohn, so benötigten die Drescher 36 Tagschichten für ihre Arbeit. In diesen 36 Tagschichten erbrachten sie eine Ausbeute von (Seite 36 und 40):

5 sexling und 2,0 mas Weizen
80 sexling und 2,5 mas Korn
21 sexling und 2,0 mas Hafer

Also rund 3 sexling je Tagschicht; das wären somit etwa 8 Ztr.je Tag. Allerdings hatte der „Zehent“ im Jahre 1472 nicht mehr seine ursprüngliche Bedeutung (der 10. Teil der Körnerernte). Eigentlich als Abgabe an die Kirche eingeführt, wurde der Zehent immer mehr ein reines Handelsgut bei Besitzwechsel der einzelnen Güter. Selbst an der Höhe des Zehent für die einzelnen Höfe wurde herumgehandelt. Einzelne Lehen waren noch mit dem vollen Zehent belastet, andere dagegen nur mehr mit ½ Zehent. Bei den Gütern schwankt die Schuldigkeit zwischen einem ganzen, einen „zweitail“, oder aber auch einem „dreitail“ Zehent. Ebenso unterschiedlich wurde der Zehent auch bei Höfen, Stadeln, Öden usw. veranschlagt. Wie unterschiedlich der Zehent um 1472 angesetzt war, erkennen wir auch am Gesamterlös. Die beiden Ämter des Hanslein brachten zusammen in etwa nur den gleichen Gesamtzehent ein (53 sexling und 2,5 mas) wie das Amt des Wolflein (53 sexling und 3 mas). Im Amt des Wolflein errechnet sich aber für 1 ganzen Zehent eine Einnahme von 12 ß u. 4 &. Im Amt des Hanslein dagegen nur ein Erlös von 5 ß und 6 & je Zehent. Diese Gegenüberstellung beweist ebenfalls, daß der Zehent in der Herrschaft Saldenburg nicht mehr seinen ursprünglichen Sinn hatte. Auch vom Bodenertragswert her dürften beide Ämter gleich zu bewerten gewesen sein. In den beiden Ämtern des

Hanslein (räumlich im Hochstift Passau gelegen) wurde offensichtlich öfter die Zugehörigkeit zu verschiedenen Herrschaften gewechselt und somit wurden wohl auch öfter Abstriche bei der Höhe des einzelnen Zehent getätigt. Diese Güter waren den Fürstbischöfen in Passau immer ein Dorn im Auge und wurden dort immer gerne wieder angekauft. Die reiche Herrschaft Saldenburg ihrerseits nutzte wiederum jede Möglichkeit des Rückkaufes.Im Jahre 1581 kamen dann bekanntlich die beiden Ämter des Hanslein – fast geschlossen - endgültig in den Besitz der Fürstbischöfe zu Passau. Die damaligen Besitzer der Herrschaft Saldenburg, die Grafen von Ortenburg, verkauften 380 Anwesen an Bischof Urban v.Trenbach (Kaufpreis: 19.000 Gulden und 3.000 Gulden Leihkauf). Diese Güter waren nun für immer für Saldenburg verloren. Die Güter in des Wolfleins Amt waren beständiger und der Zehent deshalb auch noch etwas ursprünglicher. Möglicherweise waren auch die Flächen der einzelnen Güter größer.

B: Hofgrößen

Die Abgaben aus den einzelnen Höfen wurden im Mittelalter nicht nach Hofgröße, sondern nach dem Ertrag berechnet. In guten Lagen konnte ein kleinerer Hof weit höher belastet sein, als andernorts ein Hof mit der doppelten Fläche.

Dennoch bildete sich nach und nach ein etwas geordnetes Hoffußsystem heraus. Um 1445 galten im allgemeinen bereits folgende Werte:

Ganzer Hof	ca	100	bis	180	Tagwerk	
Halber Hof	ca	50	bis	90	Tagwerk=	Hube
Viertel Hof	ca	30	bis	50	Tagwerk=	Lehen
Achtel Hof	ca	15	bis	30	Tagwerk=	Bausölde
Sechzehntel Hof	ca	5	bis	15	Tagwerk=	Gemeine Sölde
Zweiunddreißigstel Hof	ca	0	bis	5	Tagwerk=	Häusl
Vierundsechzigstel Hof	ca	0	bis	5	Tagwerk=	Sachl

Da Cuizl aber im Jahre 1472 diese damals schon allgemein gültigen Bezeichnungen noch nicht verwendet, können wir aus seinen Aufzeichnungen leider keine Rückschlüsse auf die damalige Flächengröße der Herrschaft Saldenburg ziehen. Cuizl verwendet nur allgemeine Bezeichnungen, wie Seld, Lehen, Gut, Hof, Aigen, Stadl, Hofstatt, Hausstatt, Schmiedstatt usw. Cuizl hat diese Bezeichnungen sicher aus älteren, bislang noch nicht bekannten, Stiftsbüchern, oder aber auch aus der mündlichen Weitergabe übernommen.

Mit ziemlicher Sicherheit kann wenigstens ein Teil der von Cuizl verwendeten Bezeichnungen dem vorher aufgezeigten allgemeinen Hoffußsystem zugeordnet werden:

Lehen	=	¼ Hof
Selde	=	⅛ Hof
Gut	=	1/16 Hof
Hofstatt	=	1/32 Hof
Hausstatt	=	1/32 Hof
Schmiedstatt	=	1/32 Hof

Die Bezeichnungen für Wiese, Acker, Stadl usw. erklären sich von selbst. Auffällig ist , daß in der Herrschaft Saldenburg halbe und ganze Höfe völlig fehlen. Hier handelt es sich ausschließlich um kleinere Einheiten.

Über den durchschnittlichen Kalorienverbrauch einer Familie läßt sich auch für unser Gebiet eine Hofgröße für das Existenzminimum eines Bauern hochrechnen.

Bei einem durchschnittlichen Kalorienverbrauch

für den schwer arbeitenden Bauern von	3.500 kcal/Tag
seiner Ehefrau von	2.700 kcal/Tag
3 Kinder zusammen von	6.439 kcal/Tag
ergibt sich ein täglicher Verbrauch von	12.639 kcal/Tag

Der Anteil des Brotgetreides an der täglichen Nahrungsaufnahme im auslaufenden Mittelalter wird allgemein mit 60 % angenommen; das wären also 7.583 kcal/Tag an Brotgetreide (Roggen).

1 kg Roggen ergibt ca 0.8 kg Mehl. 1 kg Mehl = 3.500 kcal. Also je Tag 2,16 kg Mehl, was wiederum 2,6 kg Roggen je Tag entspricht. Somit errechnet sich ein Mindestroggenverbrauch für die gesamte Familie von 949 kg im Jahr. Das Verhältnis von Saat zur Ernte bei extensiver Bewirtschaftung unserer Böden beträgt heute etwa 1 : 15 (bei Roggen). Im auslaufenden Mittelalter wird ein Verhältnis von 1 : 4 angenommen.

Je Tagwerk Grund wird bei einem Verhältnis von 1 : 15 mit einer Saatmenge von 67 kg heute ein Ertrag von 1.000 kg Roggen erwirtschaftet.

Bei dem mittelalterlichen Ertragsverhältnis von 1 : 4 erwirtschaftete der Bauer damals bei gleicher Saatgutmenge lediglich 267 kg Roggen je Tagwerk.

1 Tagwerk Roggen brachte also	267 kg
Abzüglich Saatgut von	67 kg
ergibt eine Reinausbeute von	200 kg
Abzüglich Zehent von	20 kg
Verbleiben für die Familie	180 kg Roggen je Tagwerk

Bei einem durchschnittlichen Jahresverbrauch von 949 kg Roggen benötigt die Familie hierfür

also (949 kg : 180 kg)	5,27 Tagwerk Ackerboden für Roggen
Bei der Dreifelderwirtschaft dazu noch	5,27 Tagwerk für Sommer getreide
Für den brachliegenden Teil ebenfalls	5,27 Tagwerk

Somit ergibt sich eine benötigte Ackerfläche je Familie von 15,81 Tagwerk

Laut Aufzeichnungen des Klosters Osterhofen von 1440 kommen auf 15 Tagwerk Acker noch etwa 5 Tagwerk Wiesen und etwa 6 Tagwerk Wald. Aus diesen langatmigen Berechnungen können wir nun als Existenzminimum für eine 5 köpfige Bauersfamilie eine Gesamtfläche von 30 Tagwerk zugrundelegen. Im damaligen Sprachgebrauch also ein Lehen = ¼ Hof. Auch hieraus ersehen wir, daß die meisten Saldenburger Untertanen damals noch auf einen Nebenverdienst angewiesen waren.

C: Selbständige Frauen

Auch zur Zeit unseres Stiftsbuches gab es eigenverantwortlich wirtschaftende Frauen. Cuizl nennt gleich mehrere Frauen, die ihren Hof alleine bewirtschaften und ebenso hart zu Abgaben herangezogen werden. So z.B.

Seite 4	die Stelzerin	Seite 24	die Weberln
Seite 20	die Frau in der Erlach	Seite 33	die Wittib
Seite 23	die Mayrin	Seite 34	die Schiferin
Seite 24	die Stelzerin	Seite 39	die Albrechtin
Seite 24	die Caspergerin		

Die Schiferin verwaltete sogar zwei Güter.

D: Familiennamen

Familiennamen waren im Mittelalter noch nicht geläufig. Normalerweise wurde jeder Bürger nur mit einem Vornamen identifiziert. Übte jemand einen Beruf aus, so wurde er ehrerbietig mit seiner Berufsbezeichnung (wie Bäcker, Wagner, Weber usw.) benannt. Gab es in einem Ort jedoch mehrere gleiche Handwerksbetriebe, so wurde ein Doppelname verwendet. Diese Entwicklung ist in Entschenreuth (Seite 18) sehr beispielhaft zu verfolgen: Der „Michel Weber" und der „andere Weber".Aus solchen Doppelbezeichnungen entwickelten sich dann so langsam die ersten Familienname. In unserem Stiftsbuch etwa: Jorg Schuster, Michel Fischer, Peter Zimmermann, Lindl Schneider usw.

E: Keine Landwirtschaft in Saldenburg

Saldenburg war wegen seiner Steilhänge auch schon 1472 für die

Landwirtschaft völlig ungeeignet. Obwohl Saldenburg der Sitz der Herrschaft war, ist im Stiftsbuch hier nur ein abgabepflichtiger Bauer genannt (Seite 22 – „Sneider unter dem perg Saldnburk von ain seldn“).
Diese Selde dürfte mit ziemlicher Sicherheit der 1905 aufgelassene Anzenhof (im Tal unterhalb der Saldenburg) gwesen sein. In einer späteren Beschreibung der „Hofmark Saldenburg“ erscheinen bei dem Ort Saldenburg lediglich 9 verschiedene 1/32 Höfe und dann aber „Anzing“ (Anzenhof) als relativ großer 1/2 Hof. Als Inhaber ist namentlich der „Schneiderbauer“ genannt; auch hier wieder der Name „Schneider“, wie in unserem Stiftsbuch. Die 9 kleinen 1/32 Anwesen waren sicher Handwerker und Taglöhner. Cuizl nennt ja bei seiner Ausgabenauflistung (Seite 28) bereits 3 Maurer und 1 Zimmermann. Schon 36 Jahre vor Cuizls Stiftsbuch, also im Jahre 1436 wird bereits von den Steinmetzen aus Saldenburg und ihren „10 Stainprechgesellen“ berichtet.

F: Großbaustelle Saldenburg
Die Saldenburg samt Nebengebäuden waren offensichtlich mit Schindeln eingedeckt. 1472 wurden auf der Saldenburg ein „marstall“ (Pferdestall) gebaut, das Dach der Kapelle eingedeckt und andere „noturft“ (Mängel) behoben (Seite 27). Hierzu kaufte Amtmann Hanslein 6.500 Stück Scharschindel um 20 ß und 15 &. Eine Scharschindel hatte damals die Ausmaße von 19 Zoll x 3,5 Zoll, also nach heutigem Maß: 46 cm lang und 8,5 cm breit. 46 cm lange Schindeln werden mit einem Lattenabstand von 14 cm verlegt. Für 1 qm Dachfläche werden heute, bei diesem Lattenabstand, 7,15 Breitenmeter Schindeln benötigt. Bei 8,5 cm Schindelbreite benötigen wir somit für 1 Breitenmeter 11,76 Stück Schindeln. Bei diesen 11,76 Schindeln je Breitenmeter brauchen wir dann also (11,76 x 7,15) 84,08 Schindeln je qm. 6.500 Schindeln ergeben somit (ohne Einrechnung von Verschnitt) eine Dachfläche von 77,31 qm. Diese rund 77 qm sind für das Eindecken zweier Gebäude und dazu noch für andere Ausbesserungsarbeiten zu wenig. Also handelt es sich hier nur um einen Zukauf zu vorhandenen Vorräten und wenn hiermit auch andere Ausbesserungsarbeiten getätigt weden konnten, so muß die gesamte Anlage mit Schindeln eingedeckt gewesen sein. Wenn, wie auf Seite 27 aufgelistet, noch 4.600 Scharnägel angekauft wurden, so reichten auch diese bei weitem nicht aus, um auch nur den Neueinkauf von 6.500 Scharschindeln zu befestigen. Auch hier waren also Vorräte aus Beschaffungen des Vorjahres vorhanden. Auch die angekauften 900 „lattnagl und prettnagl“ (Latten und Brett-

nägel) reichten auf keinen Fall für die beschriebenen Arbeiten aus. Die vorher beschriebenen Latten zum Befestigen der Schindeln mußten ebenfalls als Vorrat aus dem Vorjahr vorhanden gewesen sein; Cuizl verrechnet keinen Ankauf. Beim Ankauf von „Reich ladn und gemain ladn“ (Definition siehe Glossar) gibt Cuizl leider keine Stückzahl an (Seite 27), sondern nur den Einkaufspreis von 5 Pfund ,2ß und 14 &. Für diesen stattlichen Preis dürften dies dann aber weit mehr Bretter gewesen sein, als für den Bau des Marstalles benötigt wurden. Andererseits fehlen aber wieder Angaben über Einkäufe bzw. Löhne für das Anfertigen von Balken, ohne die der Marstall ja kaum hätte erbaut werden können. Alles deutet darauf hin, daß auf dem Burggelände schon länger wieder aufgebaut und ausgebessert wurde und daß zum vorhandenen Lagerbestand immer wieder Material dazugekauft wurde.Saldenburg war 1472 eine Großbaustelle. Diese Tatsache kann ebenfalls als Beweis für schwere Zerstörung durch Herzog Ludwig im Jahre 1468 herangezogen werden.

G: Verpflegungszuschüsse

Bei „Dienstreisen“ und sonstigen Einzelaufträgen gab es auch 1472 schon Verpflegungszuschüsse. Eine Abstufung analog der gesellschaftlichen Stellung ist auch hier deutlich zu erkennen. Anläßlich des Einkaufes der 6.500 Scharschindeln und der 4.600 Scharnägel, sowie der 900 Brettnägel bekommt Amtmann Hanslein 45 & Zehrung – der Knecht aber nur 8 & zu trinken (Seite 27). Für eine Reise nach Landshut wird dem Amtmann Hanslein das beachtliche Zehrgeld von 7 ß zugebilligt (Seite 26). War die Reisegesellschaft etwas hochkarätiger, wie z.B. bei dem Auftrag, daß Cuizl selbst, zusammen mit dem Nothaft (vermutlich Nothaft d.J. – u.a. Gründungsmitglied des Böcklerbundes im Jahre 1466 -) zu den „pehaim“ (Böhmen) nach Wollaberg, Waldkirchen und Passau reisen sollten, so stieg das Zehrgeld gleich auf die stattliche Summe von 3 Pfund und 12 & (Seite 26).

H: Freie Bauern

Nicht alle im Stiftsbuch aufgeführten Bauern waren Abhängige, bzw. Lehensnehmer, der Herrschaft Saldenburg. Es gab auch freie Bauern, welche sich unter die Obhut der Herrschaft stellten und dafür gewisse Abgaben leisteten. Cuizl erwähnt mehrere solcher „stiftsfreien“ Untertanen, wie auf Seite 6 und Seite 22. Möglicherweise waren dies aber auch ehemals Abhängige, welchen dann irgendwann einmal zu einem nicht genannten Anlaß nur der Pachtzins, nicht aber die anderen Abgaben für immer erlassen wurde.

Die folgenden 500 Jahre Herrschaftsgeschichte Saldenburg

Ohne eventuellen späteren Auswertungen und Veröffentlichungen vorzugreifen, seien hier dem interessierten Heimatfreund im Telegrammstil weitere markante Daten aufgezeigt:

1479 Die Ortenburger lösen unter Graf Ulrich II. Saldenburg wieder ein. Inzwischen melden auch die Degenberger wieder ihre alten Besitzrechte an Saldenburg. – Hans von Degenberg ist der Schwager von Graf Ulrich II.

1491 Durch Schiedsspruch geht eine Hälfte von Saldenburg an die Ortenburger, die andere Hälfte wieder an die Degenberger.

1499 Ritter Bernhard II. v. Hauzenberg zu Pibereck (Biebereck) ist Pfleger zu Saldenburg.

1519 Schiedsspruch der Herzöge Wilhelm und Ludwig von Bayern: Ortenburg bekommt die dem Degenberger zugesprochene Hälfte an Saldenburg wieder zurück. Degenberg wird mit 1.200 Rheinische Gulden durch die Ortenburger abgefunden .

1536 (und 1544) erscheint in zwei Urkunden Graf Karl von Ortenburg als Inhaber der Saldenburg.

1589 Gräfin Katharina von Ortenburg (letzte Ortenburgerin auf Saldenburg) verkauft Saldenburg an Konrad Fuchs zu Ebenhofen (auch Ebenkofen). Die Fam. Fuchs erlangte alle Hofmarksfreiheiten. – Saldenburg also jetzt „Hofmark“ (Niedere Gerichtsbarkeit).

1614 Christoph Fuchs von Ebenhofen, Regimentsrat in Straubing, ist Eigentümer der Saldenburg.

1616 Abraham Maegerle von Wegleuthen (damals Österreichischer Innkreis) erwirbt durch Heirat mit Christine von Fuchs (Tochter des Konrad Fuchs oder Witwe des Cristoph Fuchs??) die Saldenburg. Ein Blitz zerstört den Südteil des Wohnturmes der Saldenburg.

1637 Wilhelm Köckh von Mauerstetten ist Besitzer der Saldenburg.

1640 Köckh verkauft die Hofmark Saldenburg an Christoph Sigmund von Raindorf, Kurfürstlicher Pfleger zu Hals.

1659 Frau Maria Christina Mägerlin ist Besitzerin von Saldenburg.

1677 Durch Maegerles Witwe Christine kommt die Saldenburg auf die Gant (Konkurs). Am 28.07.1677 erwirbt Johann Ferdinand Albrecht, Graf von Preysing die Saldenburg.

1680 Johann Ferdinand Albrecht von Preysing restauriert die durch den Blitzschlag von 1616 zerstörten Räume der Burg in reinstem Barock. Neueinrichtung der Burgkapelle.

1682 Der italienische Barockbaumeister Zuccali versieht Kapelle und Barocksaal (Teil des ehemaligen Rittersaales) mit feinsten Stuckarbeiten .

1683 Franz Graf von Preysing (1673–1752) übernimmt Saldenburg.

1740 Franz Graf von Preysing übergibt Saldenburg an seinen Sohn , Franz Paul, Graf von Preysing (1710–1757).

1742 Österreichischer Erbfolgekrieg: Saldenburg wird von den Ungarn bestürmt und z.T. geplündert. Saldenburg wird von „Herrn Aicher“, Kommandant einer „Bayer. Freikompanie“, gerettet, aber aus Versehen durch Aicher selbst angezündet. Maierhof, Stadl und Stallungen verbrennen.

1743 Große Viehseuche: „Im Saldenburgischen laufen die Bauern in Menge von ihren Häusern hinweg“! Der einzige Vorteil des Grafen von Preysing ist „sich Herr des Schlosses“ zu nennen.

1757 Nach dem Tode von Franz Paul übernimmt sein Bruder, Kaspar I.,Graf von Preysing (1715–1767), die Saldenburg.

1767 Kaspar II.,Graf von Preysing (1748–1836), Eigentümer der Saldenburg. Saldenburg ist verschuldet – Konkurs ist angemeldet.

1772 Vergleich zwischen den Schuldnern und Graf von Preysing: Graf von Preysing darf Moos und Saldenburg weiter frei bewirtschaften.

1784 Kaspar II., Graf von Preysing, verkauft das „Bräuhaus“ Saldenburg an Herrn Simon Urzinger.

1803 Ab 1803 große Umbildung im Gerichts- und Verwaltungswesen in Bayern. Zuerst werden geistliche Herrschaftsgebiete und dann Zug um Zug auch die weltlichen Herrschaftsgebilde aufgelöst. Die neugebildeten Gemeinden und die alten Patrimonialgerichte existieren bis 1848 noch eng nebeneinander.

1803 Das alte Landgericht Vilshofen tritt an das neuerrichtete Landgericht Passau die Hofmark Saldenburg ab.

1806 Weltliche Hofmarken werden nun „Patrimonialgericht" genannt. Die Gerichtsbeamten müssen Rechtsstudium nachweisen.

1808 Die Landrichter werden am 13. Mai beauftragt, möglichst gleich große Steuerdistrikte zu bilden – benannt nach dem jeweiligen Hauptort.

1808 „Organisches Edikt vom 28. Juli über die Bildung von Gemeinden": Steuerdistrikt, Pfarrei und Schulbezirk sollen, wenn möglich, eine Gemeinde bilden.

1820 Das Patrimonalgericht Saldenburg wird amtlich bestätigt.

1825 Die Gemeindebildung im Landgericht Passau ist im Jahre 1825 endgültig abgeschlossen. Zur neu gegründeten Gemeinde Saldenburg gehören nun: Anzenhof, Auggenthal, Altreith, Bründl, Dankesreith, Entschenreuth, Edt bei Entschenreuth, Edt bei Lanzenreith, Goben, Haufang, Haberlmühle, Haunleiten, Hals, Hirschreuth, Hundsruck, Lanzenreuth, Matzersdorf, Miesberg, Platten, Saldenburg (bezeichnet als „Weiler mit Mühle und Schloß"), Senging, Stadl, Sommerau, Sumpering und Trautmannsdorf.

1826 Saldenburg geht von Kaspar II., Graf von Preysing, (letzter von Preysing auf Saldenburg) an dessen Firmpaten, Freiherr, Kaspar von Berchem. Die Grafen von Preysing (Stammsitz: Moos bei Plattling) residierten nicht in Saldenburg, sondern ließen das Schloß und Landgut durch Verwalter betreuen.

So unter anderen:
1706 = Franz Hueber
1751 = Franz Neumayer
1753 = Martin Josef Hochreuter,
1757 = Franz Neumayer
1763 = Franz Anton Altmann
1728 = Balthasar Christoph Haumiller (Grabplatte in Thurmansbang)

1837 Patrimonialgericht Saldenburg geht an Kaspar von Berchem über. Berchem bietet das Patrimonialgericht dem Staat zum Kaufe an – es kommt aber zu keinem Abschluß.

1838 Das Patrimonialgericht und die Gemeinde Saldenburg kommen im Zuge einer Neuordnung zum Landgericht Grafenau.

1841 Gemeinde Saldenburg in Selbstverwaltung. Erster „Gemeindevorsteher" von Saldenburg ist der Gastwirt Josef Haushofer.

Herrschaft Saldenburg und Gemeinde Saldenburg bestehen für einige Jahre nebeneinander.

1842 Zum Patrimonialgericht Saldenburg (unter Graf v. Berchem) gehören: 112 Hintersassen im Landgerichtsbezirk Grafenau 19 Hintersassen im Landgerichtsbezirk Passau 15 Hintersassen im Landgerichtsbezirk Hengersberg „Die freiwillige Gerichtsbarkeit über diese Hintersassen übt das Patrimonialgericht Saldenburg aus".

1846 Der einzige Bewohner der Burg ist der Gerichtsdiener.

1848 Unter Kaspar von Berchem geht Saldenburg mit ca. 140 Tagwerk Wald an den Bayer. Staat.

Das Patrimonialgericht Saldenburg wird aufgelöst!
Die folgenden Besitzer der Saldenburg und der dazugehörenden Güter sind ab jetzt nur noch steuerzahlende Eigentümer – ohne jegliche Gerichtsgewalt.

1848 Der Sohn des Simon Urzinger (siehe 1784) erwirbt Saldenburg als erster „Bürgerlicher".

1855 Saldenburg zählt ohne das Schloß 21 Häuser, „worunter sich auch ein Bräuhaus befindet".

1872 Alois Deser – ehemaliger Gutsbesitzer aus Plattling erwirbt Saldenburg. Deser kauft auch das Bräuhaus (siehe 1784) wieder zurück.

1884 Michael Sager, königlicher Baurat in München, erwirbt Saldenburg.

1892 Franz Sauter, Oberleutnant a.D. aus München – neuer Besitzer von Saldenburg.

1903 Johann Bauer, königlicher Professor a.D., erwirbt Saldenburg.

1904 Xaver Diermaier, Güterhändler aus Regensburg, besitzt Saldenburg nur 4 Monate (1.07.1904 bis 1.11.1904).

1904 Ab 1.11.1904 sind L. und A. Zeitz, Kaufleute aus Sulzbach und St. Johann bei Saarbrücken Eigentümer von Saldenburg.

1917 (27.06.1917) Konrad Stelzer, Fürstlich Hohenlohischer Oberförster, aus Waldenburg/Württemberg erwirbt Saldenburg.

1924 (12.06.1924) Besitzwechsel an Konrad Stelzer, Domänendirektor a.D.

1926 (22.01.1926) Der Bayer. Staat – Kammer der Forsten – kauft Saldenburg um 580.000 RM (ohne Villa). 1 RM wird (wegen unsicherer Währung) mit 1/2790 kg Goldwert veranschlagt. Stelzer verbleibt vorerst als Pächter weiter auf Saldenburg.

1928 (18.06.1928) Landwirtschaftliche Flächen und Gutsgebäude (ohne Burg und Villa) gehen an die Bayer. Siedlungs- und Landesbank GmbH, München. Die Waldflächen (ca 650 ha) bleiben bei der Forstverwaltung.

1928 Die Burg selbst geht mit bescheidenem Umgriff an den „Landesverband für Jugendwandern und Jugendherbergen". Das stark beschädigte Gebäude wird als Jugendherberge ausgebaut.

Ab jetzt gehen die Burg, die großen Waldungen und die ehemals dazugehörenden landwirtschaftlichen Flächen jeweils eigene Wege.

1929 (20.06.1929) Einweihung der Burg als Jugendherberge.

1931 (20.03.1931) Die landwirtschaftlichen Flächen und Betriebsgebäude gehen an Herbert und Gertrud Glauner, Hauptmann a.D., Unterwössen.

1932 (06.10.1932) Glauner verkauft an Dipl.Ing. Meyer aus Nordhausen in Sachsen .

1939 (14.11.1939) Johann Ettlinger, Sägewerksbesitzer und Kaufmann aus Mannheim übernimmt das Gut Saldenburg.

1960 (22.07.1960) Franz Friedrich, Graf von Stillfried und Rattonitz Buchwald, wird letzter Eigentümer des weitgehend in sich geschlossenen und seit 1928 erneut erweiterten Gutes zu Saldenburg.

1967 (16.03.1967) Erneuter Verkauf des Gutes Saldenburg an die Bayer. Staatsforstverwaltung (ohne Villa, Sägewerk und Binderschupfen). Die Wohngebäude werden einzeln verkauft. Die Nebengebäude werden abgerissen. Die Waldungen werden dem Bayer. Forstamt Schönberg zugeteilt. Die Felder werden zum Teil verkauft, der Rest wird aufgeforstet.

Ende der 600 jährigen Herrschafts- und Gutsgeschichte Saldenburg.

Literaturverzeichnis:

Aichner J. — Bäuerliche Lasten und Abgaben...: In Schule und Beruf, 08/92

Bosl Karl — Pfalzen, Klöster und Forste in Bayern. VHO Band 106–1966

Burkhard Manfred — Hist. Atlas v. Bayern, Band 34 – Regen – München 1975

Denkmalliste — Teil A: Baudenkmäler Landkreis Freyung-Grafenau – hier Saldenburg

Der Bayerwald — Sonderheft 1966

Erhard Alexander, Dr. — Geschichte und Topographie der Umgebung von Passau. – Landshut, 1900

Faltblatt — 25 Jahre Burgfestspiele Neunußberg, – Viechtach 1993

Geyer Otto — Der Aufstand der Böckler und Löwler. In „Der Bayerwald" 3/1972

Grimm — Deutsches Wörterbuch, - Leipzig 1854

Grotefend Herman,Dr. — Taschenbuch der Zeitrechnung des deutschen Mittelalter und der Neuzeit – Hannover 1891

Hartmann Otto — (Pseudonym: Otto v. Tegernsee), Waldeszauber – Regensburg, ohne Jahresangabe

Hausmann Friedrich — Archiv der Grafen zu Ortenburg, Band 1: 1142 bis 1400 – Neustadt / Aisch 1984

Heider, Dr. — Regesten von Passau. – Passau 1934

Heininger Josef — 150 Jahre Saldenburg - PNP 1991 (7 Folgen)

Hellwig Gerhard — Lexikon der Maße und Gewichte, - Orbis Verlag, 1988

Hiedl H. — Historie der drei Waldschlösser Englburg, Fürstenstein und Saldenburg.

Hieret Sebastian — Die Geschichts-und Verwaltungsorganisation vom 13.-19. Jh. – München 1950, (Einf. Hist. Atlas v. Bayern)

Jungmann-Stadler — Hist. Atlas v. Bayern, Band 29 – Vilshofen – München 1972 Hist. Atlas v. Bayern, Band 45 – Grafenau – München 1992

Klämfl Joseph	Der ehemalige Schweinach- und Quinziggau. – Passau 1855
Krenner Franz	Baierische Landttagshandlungen in den Jahren 1429 bis 1513
Kühnel H.	Alltag im Spätmittelalter, – Edition Kaleidoskop 1984
Lickleder Hermann, Dr.	Das Prämonstratenserstift Osterhofen im Spätmittelalter, Urbar- und Kopialbuch anno 1440, – Deggendorfer Geschichtsblätter, 9/1988
Meidhof Adam	Passauer Urbare, – Passau 1939
Meyers Lexikon	Siebente Auflage 1926
Müller / Grueber	Der Bay. Wald – Regensburg 1846
P.M. – Perspektive	Sonderausgabe: Mittelalter, – Verlag Gruner u. Jahr, München , 89/011. Sonderausgabe: Die Welt der Ritter, 92/030
Passauer Neue Presse	Ausgabe v. 22.09.1989
Sauter E.	Zur Geschichte des Schlosses Saldenburg. – Der Bayer. Wald 1907
Schefzik Karl.	Die Hussiten im Böhmerwald, Ostbayr. Grenzmarken 1967
Schmeller Johann	Bay. Wörterbuch, – Neudruck, Sonderausgabe, München 1985
Schönere Heimat	82. Jahrgang, – Heft 3 /1993
Schrüfer Norbert	Fundbericht zu: Dr. Werner Endres – Spätmittelalterliche Funde von der Saldenburg, – Ostbairische Grenzmarken 1993
Staatsarchiv Landshut	Gebinde: „Äußere Ämter der Herrschaft Saldenburg“ Rep.XXXI - Verz.3 – Fasc.1+2 – Nro.1-6
Stadtmüller Georg	Geschichte der Abtei Niederaltaich, – Morsak Verlag, 1986
Sturm Heribert	Einführung in die Schriftkunde, München 1955
Veit Ludwig	Hist. Atlas v. Bayern, Band 35 – Passau – München 1978
VHN	Bd. 29 (1893) und Bd. 30 (1894) – Neue Geschichte von Moos